AF542089

CONSIDÉRATIONS

SUR

LES MESURES A PRENDRE

POUR TERMINER LA RÉVOLUTION.

IMPRIMERIE DE VIGOR RENAUDIERE,
MARCHÉ-NEUF, N°. 48.

CONSIDÉRATIONS

SUR

LES MESURES A PRENDRE

POUR TERMINER LA RÉVOLUTION,

PRÉSENTÉES AU ROI,

AINSI QU'A MESSIEURS LES AGRICULTEURS, NÉGOCIANS, MANUFACTURIERS ET AUTRES INDUSTRIELS QUI SONT MEMBRES DE LA CHAMBRE DES DÉPUTÉS;

PAR HENRI SAINT-SIMON.

A PARIS,

CHEZ LES MARCHANDS DE NOUVEAUTÉS.

1820.

PRÉFACE.

Deux factions qui luttent avec acharnement pour la possession exclusive des pouvoirs existans, que chacune d'elles considère, par des motifs différens, comme sa propriété naturelle ; un gouvernement qui cherche à se garantir des tentatives de l'une et de l'autre, mais qui se croit néanmoins obligé de satisfaire leur avidité commune, en repartissant, d'une manière plus ou moins égale, les bénéfices de l'administration entre les deux classes rivales d'ambitieux ; enfin, des industriels de tous genres, cultivateurs, fabricans et négocians, qui se lamentent de porter deux bâts, qui désirent vivement de ne plus servir de pâture aux intrigans de toute espèce ; mais qui n'ont aucune idée nette, ni aucune volonté arrêtée, sur la marche à suivre pour cela, et qui, par suite, restent spectateurs passifs de la lutte, attendant avec bonhommie qu'une portion de ceux qui vivent ou qui aspirent à vivre de l'intrigue et du gaspillage, les délivre généreusement du gaspillage et de l'intrigue : tel est, en raccourci, le tableau que présente la scène politique actuelle, à tout observateur impartial et éclairé; tel a été, jusqu'à présent, le triste résul tat d'une révolution dont le but était manifestement, dès l'origine, l'organisation d'un régime économique et libéral, ayant pour objet direct et unique de procurer la plus grande source de bien-être possible à la classe laborieuse et productrice, qui constitue, dans notre état de civilisation, la véritable société.

Quelles sont les causes qui, en détournant notre révolution de son but primitif, ont amené et retiennent la société dans le déplorable état où elle se trouve aujourd'hui ? Quels sont les moyens de l'en faire sortir, d'établir l'ordre et la prospérité sur des bases solides ? Telles sont les deux questions générales intimement liées entr'elles, dont je présente ici un premier éclaircissement.

Le caractère essentiel de cet écrit, celui que je désire principalement avoir rendu sensible, c'est le rapprochement, ou pour mieux dire, la communauté que j'établis partout entre les intérêts de la royauté, et ceux des industriels. La combinaison de ces deux forces a été la pensée dominante qui a occupé mon esprit, pendant tout le cours de ce travail: j'aurai atteint mon but, le plus important, si je puis obtenir que l'attention des industriels, ainsi que celle des vrais amis de la royauté, se fixe sérieusement sur ce point fondamental.

Pour faire sentir aux deux parties intéressées toute l'importance de ce rapprochement, j'ai tâché de leur démontrer séparément : 1° Que la principale déviation de la révolution a consisté dans la faute commise par la royauté de se séparer des communes, peu de temps après l'ouverture des états-généraux ; et par les communes, de se laisser bientôt entraîner dans une direction hostile à l'égard de la royauté, au lieu de persister, des deux côtés, dans une combinaison de forces politiques dont la bonté était éprouvée, tant pour la royauté, que pour les communes, par une expérience de plusieurs siècles ; 2°. Que, par conséquent, le besoin le plus pressant, dans l'état actuel des choses, pour la royauté et pour les communes, est de revenir immédiatement à cette sage combinaison.

Je fais observer à la royauté, que, si le but réel de la révolution a été manqué jusqu'à présent, et précisément même parce qu'il l'a été, il n'en a pas moins continué de subsister, et il subsiste encore dans toute sa force, et dans toute son étendue, excepté que les principaux obstacles à son accomplissement ont été levés. Car pour les corps politiques, comme pour les individus, tout besoin réel dure nécessairement jusqu'à ce qu'il ait été satisfait, et il se prononce avec d'autant plus d'énergie, qu'on tarde plus long-temps à le satisfaire. Ainsi, la révolution est bien loin d'être terminée, et elle ne peut l'être que par l'entier accomplissement du but que la marche des choses lui a assigné, c'est-à-dire, par la formation du nouveau système politique.

Il n'est au pouvoir d'aucune force humaine de faire rétrograder ce mouvement naturel, ni même de n'y obéir qu'à demi : ce qu'il peut y avoir de plus avantageux pour la royauté, c'est de se placer à sa tête.

Considérant ensuite la question, quant à l'intérêt particulier et immédiat du pouvoir royal, je prouve que le besoin impérieux de sa conservation, lui fait une loi pressante, de se liguer le plus promptement et le plus complètement possible avec les industriels, qui peuvent seuls protéger efficacement la royauté, contre les attaques de la féodalité napoléonienne. Je fais voir que les préventions du Gouvernement contre l'attachement des industriels à la royauté, entre les mains de la dynastie actuelle, ne sont nullement fondées. Les industriels, étant par position essentiellement amis de l'ordre, et n'ayant en vue, sous le rapport politique, que l'établissement d'un système d'administration économique et utile à l'industrie, il n'y aurait point de possibilité qu'il se formât en eux le moindre désir d'un changement de dynastie, aussitôt que le pouvoir royal aurait clairement prononcé l'intention de faire cause commune avec eux, et d'abandonner à elles-mêmes les deux classes de frelons qui vivent à leurs dépens. Dès ce moment, on verrait les industriels prendre une attitude qui ôterait absolument tout espoir de succès aux ambitieux qui espèrent opérer le renversement de la dynastie actuelle pour placer sur le trône un roi de leur façon.

En m'adressant, d'une autre part, aux industriels, je leur fais voir que le moment est arrivé pour eux d'entrer en activité politique, et de s'occuper directement de leurs intérêts généraux, sans prendre plus long-temps des conseils hors de leur sein, excepté parmi les savans occupés de la culture des sciences d'observation, avec lesquels ils doivent se regarder comme ne faisant qu'un seul et même corps; j'établis que tous les fléaux dont ils ont été accablés depuis le commencement de la révolution, ont eu, pour cause première et générale, leur inertie politique, leur obstination à confier aux légistes la conduite de leurs intérêts sociaux. Je tâche de leur faire sentir combien il est absurde, de leur part, d'attendre d'autres que d'eux-mêmes la formation d'un régime économique, et conçu dans l'intérêt de la culture, de la fabrication et du commerce, puisqu'ils sont les seuls qui puissent avoir, à la fois, et la volonté réelle, et la capacité d'établir un tel système. Je m'efforce de les convaincre que leur inertie est aujourd'hui la seule difficulté véritable qu'ils aient à surmonter, puisque leurs forces sont, sous tous les rapports, et au plus haut degré, prépondérantes.

Raisonnant d'après ces données, je conclus que, si le pouvoir royal, éclairé sur ses plus chers intérêts, se décide à prendre les mesures nécessaires pour mettre les industriels en activité politique, ils devront s'empresser de marcher avec confiance dans la route qui leur sera ouverte. Dans le cas contraire, l'intérêt de la royauté, comme le leur propre, leur fait une loi de prendre l'initiative à cet égard. Dans l'une ou l'autre supposition, le premier acte politique des industriels doit être une déclaration solennelle et énergique, qu'ils veulent formellement le maintien de la royauté, entre les mains des Bourbons. Cette déclaration est indispensable pour faire cesser les tentatives turbulentes des ambitieux, en leur ôtant, tout espoir de succès. Je fais voir aux industriels que les préventions que les bonapartistes tendent à leur inspirer sur le désir des Bourbons, de prolonger la durée des pouvoirs abusifs, sont absolument chimériques; car les Bourbons doivent évidemment tenir beaucoup plus à jouir du pouvoir avec sécurité (ce que la protection des industriels leur garantirait pleinement) qu'à l'étendre au-delà de ce qui est nécessaire dans l'état actuel de la société.

Les conclusions générales de cet écrit, relativement aux industriels et à la royauté, sont donc, que ces deux puissances ont le plus grand intérêt à s'unir, et que cette combinaison ne saurait être ni trop prompte, ni trop intime.

Mais ce résultat n'était point suffisant. Trop souvent on a donné, soit au gouvernement, soit aux peuples, des conseils qui, bien que justes au fond, n'ont pu être d'aucune efficacité réelle, faute d'avoir eté assez précisés, et d'avoir indiqué des moyens d'exécution, susceptibles d'être mis sur-le-champ en activité. J'ai donc cru devoir compléter mon travail en proposant des mesures administratives, immédiatement applicables, et qui ont pour objet de commencer à former la ligue des industriels et de la royauté, pour travailler à la coordination et à l'établissement du nouveau système politique. Ces mesures peuvent, d'un côté, être mises facilement à exécution, dès ce moment, par le pouvoir royal, s'il se décide à les adopter. D'un autre côté, je prouve aux industriels qu'ils ont des moyens simples et légaux de déterminer promptement leur adoption par la royauté, au cas où celle-ci serait assez aveuglée pour n'en pas reconnaître avant eux l'efficacité.

On peut voir, par ce court aperçu, que mon

travail se compose de trois sortes de considérations. J'établis d'abord la nécessité, pour les industriels et pour la royauté, de combiner leurs forces; j'expose ensuite les mesures qui peuvent commencer à mettre cette combinaison en activité; enfin, je fais voir que ces mesures sont susceptibles d'une exécution facile et immédiate.

CONSIDÉRATIONS

SUR LES MESURES A PRENDRE

POUR TERMINER LA RÉVOLUTION.

A MESSIEURS

Les Agriculteurs, Négocians, Manufacturiers, et autres Industriels qui sont membres de la Chambre des Députés.

PREMIÈRE LETTRE.

MESSIEURS,

Sous les rapports les plus essentiels, ce sont les légistes et les métaphysiciens qui dirigent aujourd'hui les affaires publiques : ils occupent les places les plus importantes du gouvernement; leur opinion est prépondérante dans le conseil d'état; ils ont la majorité dans la chambre des députés; on peut même les considérer comme étant entièrement maîtres de cette chambre, car ce sont eux qui ont fourni des chefs aux deux partis qui la composent. En un mot, les légistes et les métaphysiciens dominent, au moment actuel, la société dans toutes ses parties et sous tous ses rapports politiques; ce sont eux qui dirigent les gouvernans; ce sont eux aussi qui dirigent les gouvernés; ce sont eux qui font les plans des *ultrà;* ce sont eux qui font les calculs ministériels; ce sont eux enfin qui combinent pour les libéraux les moyens de s'opposer au retour de l'ancien régime.

Messieurs, les légistes et les métaphysiciens s'occupent beaucoup plus des formes que du fond, des mots que des choses, des principes que des faits; ils ne sont point habitués à diriger leur attention et leurs travaux vers un but unique, fixe et déterminé : or, de tout cela, il doit résulter, et il résulte en effet que leur esprit s'égare souvent dans le labyrinthe des idées abstraites; et de tout cela je tire la conclusion suivante :

Tant que ce seront les légistes et les métaphysiciens qui dirigeront les affaires publiques, la révolution n'atteindra point son terme, le Roi et la Nation ne sortiront point de la position précaire dans laquelle ils vivent depuis trente ans, un ordre de choses stables ne s'établira point.

Messieurs, permettez-moi de vous faire une question que j'adresse en même temps à tous les cultivateurs, négocians et manufacturiers de France;

Je vous demande :

1°. Si c'est à un légiste que vous vous adressez, quand vous avez besoin d'un conseil relativement à une affaire de culture, de commerce, ou de fabrication ;

2°. Si c'est à un légiste que vous confiez le soin de vos affaires, quand vous vous absentez de votre maison.

A cela vous me répondrez unanimement que vous regardez les légistes comme des faiseurs de phrases, qu'ils vous paraissent embrouiller tout ce qu'ils veulent éclaircir ; et que, loin de chercher à les introduire dans la direction de vos entreprises, vous évitez avec le plus grand soin d'avoir avec eux d'autres rapports que ceux qui résultent des relations générales, existantes entre tous les membres de la grande société. En un mot, vous déclarez qu'une maison d'industrie vous paraît perdue quand elles se trouve forcée par les circonstances à placer son gouvernail dans les mains d'un légiste.

Votre réponse, Messieurs, est un aveu formel que votre conduite politique actuelle n'est pas celle que vous devriez tenir ; car chacun de vous déclarant que les légistes ne sont nullement capables de diriger les intérêts particuliers des agriculteurs, des négocians et des fabricans, il résulte de la collection de vos déclarations individuelles, la reconnaissance générale de la faute que vous avez commise, et que vous commettez encore journellement, en vous laissant guider par les légistes dans les réclamations que vous faites pour les intérêts généraux de la culture, du commerce et de la fabrication.

Si vous voulez demander des conseils (et je crois que ce sera très-bien vu de votre part), c'est aux physiciens, aux chimistes et aux physiologistes, en un mot aux savans qui composent l'académie des sciences, et à ceux qui méritent d'y être admis, que vous devez vous adresser. Il n'y a aucun rapport entre vos occupations et celles des légistes. Les objets sur lesquels vous fixez votre attention ne sont pas les mêmes. Les facultés intellectuelles qu'ils exercent, et celles que vous exercez, sont essentiellement différentes : c'est leur esprit qui est toujours en jeu, et ils tendent le plus ordinairement à la subtilité et à l'argutie, tandis que vous rejetez loin de vous toute opération que votre simple bon sens n'est pas en état de juger.

Cessez de vous laisser conduire par les légistes; renoncez à l'existence politique subalterne dont vous vous êtes contentés jusqu'à ce jour ; élevez-vous à la hauteur des circonstances où vous vous trouvez, elles vous sont extrêmement favorables ; un seul effort généreux suffira pour vous placer en première ligne ; faites-vous une opinion qui vous soit propre, formez un parti qui soit le vôtre.

Examinez les précédens, c'est-à-dire, observez la marche que la civilisation a suivie jusqu'à présent, et vous reconnaîtrez qu'il résulte évidemment de notre passé politique, que la révolution française ne se terminera qu'à l'époque où l'administration des affaires nationales sera organisée de la manière la plus convenable pour assurer la prospérité de l'agriculture, du commerce et de la fabrication.

Vous reconnaîtrez aussi que cette évidence générale donne naissance à plusieurs évidences secondaires, particulièrement aux quatre suivantes :

1°. Il est clair que le parti dont l'objet direct sera de déterminer le gouvernement à s'organiser de la manière la plus favorable pour la prospérité de l'industrie, triomphera de tous les partis, et qu'il terminera la révolution.

2°. Il est également clair que le noyau du parti qui terminera la révolution se composera principalement de cultivateurs, de négocians, d'artistes et de manufacturiers.

3°. Il est hors de doute que si la révolution, qui dure déjà depuis plus de trente années, n'est pas plus avancée, c'est par la raison qu'aucun des partis qui se sont formés ne s'est trouvé composé de la manière convenable ; c'est par là raison que les industriels n'ont joué encore qu'un rôle passif en politique.

4°. Enfin, il est évident que votre position de membres de la chambre des députés vous appelle à former le noyau du parti industriel.

Cette première lettre sera suivie de plusieurs autres que j'aurai l'honneur de vous adresser avant l'ouverture de la prochaine session : je vous soumettrai, dans cette correspondance, un plan de conduite politique que j'ai conçu pour vous. Ce plan est simple ; il n'a rien de métaphysique ; il m'a été dicté par le bon sens, et le bon sens vous suffira pour le juger.

Son exécution qui n'offrira pas de grandes difficultés, assurera à la maison de Bourbon la paisible jouissance de la royauté héréditaire ; elle garantira aux riches le maintien de la tranquillité publique ; elle assurera aux pauvres la plus grande masse de travail que la société puisse leur procurer, et elle diminuera successivement l'impôt énorme et toujours croissant que la nation supporte sans qu'il en résulte d'avantage pour elle.

J'ai l'honneur d'être, Messieurs, avec le plus entier dévouement aux intérêts politiques des industriels,

Votre très-humble et très-obéissant serviteur,

HENRI SAINT-SIMON.

IIe. LETTRE.

Messieurs,

Je vous ai annoncé dans ma lettre précédente que je vous indiquerais des moyens d'un succès certain, pour déterminer le Roi à prendre les mesures les plus propres pour assurer la prospérité de la culture, du commerce et de l'industrie manufacturière;

Je vous ai déclaré que les moyens que je vous indiquerais seraient pacifiques, légaux et d'une exécution peu difficile;

Je vous ai promis de vous faire connaître la manière de vous y prendre pour forcer le gouvernement à réformer l'administration des affaires publiques, pour le réduire à la nécessité (bien chagrinante à son gré) d'opérer la suppression des places et des dépenses inutiles;

Je vous ai dit, enfin, que je vous ferais atteindre ce but, sans vous exposer, un seul moment, au reproche d'avoir manqué au respect dû à Sa Majesté.

Je m'empresse, Messieurs, de vous renouveler les engagemens que j'ai contractés à cet égard; mais je vous observe, en même temps, que ce ne sera point au début de cette correspondance que je vous exposerai l'ensemble du projet que j'ai conçu pour l'industrie française.

Si j'ajourne la communication que je dois vous donner de ce projet, ce n'est pas (comme vous pourriez le penser) parce que je ne me trouve point en mesure de m'expliquer nettement à ce sujet ; car mes idées à cet égard sont complètement éclaircies, car mon travail est prêt :

C'est par la raison que je ne fixerais pas suffisamment votre attention sur mon travail, si je vous le présentais trop brusquement ;

C'est par la raison qu'il se trouve une condition préliminaire que je dois remplir avant d'entrer en matière : cette condition est de développer en vous le sentiment des forces, des moyens et de la capacité politique des industriels.

Je commencerai donc, Messieurs, par appeler toute votre attention sur les vérités suivantes.

PREMIER FAIT.

Messieurs,

Il y a plus de vingt-cinq millions de français qui sont occupés de travaux relatifs à la culture, au commerce ou à la fabrication : ainsi les industriels sont en grande majorité dans la nation française.

Ainsi, le Roi ayant admis le principe politique, que la nation doit être gouvernée dans l'intérêt du plus grand nombre des français, les cultivateurs, les négocians et les manufacturiers ont le droit de demander à Sa Majesté que l'administration des affaires publiques soit organisée de la manière la plus convenable pour assurer la prospérité de la culture, du commerce et de la fabrication.

Ainsi, (d'une autre part) les cultivateurs, les négocians et les manufacturiers (leurs ouvriers compris), étant dans la proportion de plus de cinquante contre un à l'égard des autres citoyens, ils se trouvent investis d'une force physique, beaucoup plus considérable qu'il n'est nécessaire, pour comprimer et même pour dissoudre entièrement toutes les factions, qui ont empêché, jusqu'à ce jour, et qui empêchent encore le Roi d'adopter des principes d'administration générale qui soient conformes aux intérêts des industriels.

DEUXIÈME FAIT.

Messieurs,

Ce sont incontestablement les cultivateurs, les négocians et les manufacturiers (parmi lesquels je comprends les artistes) qui ont produit toutes les richesses qui existent en France.

Ce sont eux aussi qui possèdent la majeure partie des richesses acquises, car tous les magasins de quelque importance leur appartiennent.

Les industriels sont donc investis de la plus grande partie de la force pécuniaire possédée par la nation française.

Or, il est évident que la prépondérance pécuniaire des industriels sur les autres français suffirait (à elle seule) pour leur donner les moyens de forcer le gouvernement à s'organiser conformément aux intérêts des cultivateurs, des négocians et des manufacturiers.

TROISIÈME FAIT.

Messieurs,

Les efforts d'intelligence les plus grands, les plus positifs, et les plus utiles sont faits par les cultivateurs, par les négocians, par les artistes et par les manufacturiers, ainsi, que par les physiciens, par les chimistes et par les physiologistes qui font corps avec eux, et qui doivent être considérés aussi comme des industriels, puisqu'ils travaillent à découvrir et à coordonner les faits généraux propres à servir de base à toutes les combinaisons de culture, de commerce et de la fabrication.

Ainsi, les industriels ont une supériorité très-prononcée et très-positive d'intelligence acquise sur les autres français.

Ils sont donc en état de faire de meilleures combinaisons qu'eux ;

Ils sont donc capables de combiner la marche qu'ils doivent suivre pour déterminer le gouvernement à s'organiser dans leur intérêt, qui est l'intérêt général, c'est-à-dire l'intérêt de la majorité.

QUATRIÈME FAIT.

Messieurs,

Les travaux auxquels se livrent les industriels ont différens degrés de généralité, et il résulte de cette disposition fondamentale une sorte de hiérarchie entre les différentes classes qui composent cette masse énorme de citoyens actifs, pour la production.

Ainsi, les industriels peuvent et doivent être considérés comme ayant une organisation, et comme formant une corporation.

Et en effet tous les cultivateurs et les autres fabricans sont liés entre eux par la classe des commerçans, et tous les négocians ont dans les banquiers des agens qui leur sont communs, de manière que les banquiers peuvent et doivent être considérés comme les agens généraux de l'industrie.

Dans cet état de choses, il est facile aux industriels de se combiner et d'agir de concert pour leurs intérêts politiques.

Dans cet état de choses, les premières maisons de banque de Paris, se trouvent appelées à diriger l'action politique des industriels;

Dans cet état de choses, la morale impose aux chefs de ces maisons l'obligation de travailler à la formation du parti industriel;

Dans cet état de choses, enfin, le plus puissant et le plus actif de tous les stimulans, pousse les chefs des premières maisons de banque de Paris à planter le drapeau industriel; car la carrière qui leur est ouverte comme agens généraux des intérêts politiques de l'industrie, est celle qui peut leur procurer le plus d'estime, de considération, de bonheur et de richesses.

CINQUIÈME FAIT.

Messieurs,

Dans l'état présent de la civilisation, la première capacité politique est la capacité en administration; le ministère le plus important est celui des finances, et le gouvernant qui acquerrait la plus grande réputation, serait celui qui produirait le meilleur projet de budget; c'est-à-dire le projet de ce genre le plus conforme aux intérêts des cultivateurs, des négocians et des manufacturiers.

Or, les industriels sont, de tous les français, ceux qui ont fait les meilleures études en administration, parce que leurs capitaux sont toujours en activité, parce que les capitaux qu'ils font valoir sont (par l'effet de leur crédit) triples de ceux qu'ils possèdent, de manière que les fautes qu'ils commettent en administration se trouvent avoir soixante fois plus d'inconvéniens que celles dans lesquelles tombent les autres citoyens qui, dans toutes les directions publiques et privées, n'ont habituellement que des revenus à gérer.

Et il résulte évidemment du fait que les industriels sont les citoyens les plus capables en administration ;

1°. Que c'est un industriel qui doit être chargé de concevoir le projet du budget ;

2°. Que les industriels les plus éclairés doivent être chargés de discuter ce projet avant qu'il soit soumis à l'examen des chambres (1) ;

---

(1) J'ai examiné, dans mon travail sur la loi des élections, la question de la capacité des *industriels*, et de cet examen il est résulté l'éclaircissement d'un fait du plus haut degré d'importance en politique.

Ce fait est que la richesse est, en général, preuve de capacité chez les *industriels*, même dans le cas où ils ont

3°. Que tout citoyen, employé dans les administrations publiques, doit avoir fait son apprentissage dans les administrations industrielles.

J'ai l'honneur d'être ;

Messieurs,

Votre très-humble et très-obéissant serviteur.

---

hérité de la fortune qu'ils possèdent; tandis que, dans les autres classes de citoyens, il est toujours vraisemblable que les plus riches sont inférieurs en capacité à ceux qui ont reçu une éducation égale à la leur, et qui ne jouissent que d'une fortune médiocre.

Cette vérité, je le répète, jouera un rôle très-important dans la politique positive.

IIIe. LETTRE.

Messieurs,

Déjà depuis long-temps les industriels sont individuellement libres : ils sont entièrement indépendans des individus attachés aux autres classes de la société ; mais leur corporation porte encore le joug qui lui a été imposé d'abord par les militaires, ensuite par les légistes.

Pour s'affranchir de la domination des militaires et des légistes (de ces hommes dont les travaux ne sont plus que d'une utilité passagère ou secondaire), la première chose que les industriels ont à faire (ainsi que je vous l'ai dit dans ma dernière lettre), c'est d'acquérir conscience claire de leurs forces, de leur moyens et de leur capacité politique.

Celui qui se croit subalterne l'est en effet. — Celui qui se sent capable de jouer le premier rôle est le seul qui donne à ses facultés tout le développement dont elles sont susceptibles. — Si vous vous faites mouton, le loup vous mangera.

La première chose que les industriels ont à faire, c'est de se convaincre (par quelques bonnes réflexions faites le matin la tête sur leur oreiller) que ce sont les cultivateurs, les négocians, ainsi que les manufacturiers qui sont appelés, exclusivement à tous autres citoyens, à concevoir et à combiner les moyens de faire prospérer d'une manière générale la culture, le commerce et la fabrication.

C'est l'ignorance dans laquelle ils ont été jusqu'à ce jour de ce fait important,qui les a empêchés jusqu'à présent de faire la démarche simple et qui leur était dictée par le sens commun, de dire au Roi : « Si vous désirez sincèrement que la culture, que le commerce et que la fabrication prospèrent dans vos états, le seul et unique moyen consiste à placer l'administration des affaires publiques dans les mains des industiels.

Enfin, Messieurs, la première chose que les industriels ont à faire, c'est de s'approprier l'opinion qu'il n'existe aucune force qui puisse s'opposer efficacement à l'admission des mesures qui seront jugées convenables par les cultivateurs, par les négocians et par les manufacturiers, pour faire prospérer la culture, le commerce et la fabrication.

En un mot, la première chose que les industriels ont à faire, est de se bien persuader que les difficultés politiques qu'ils ont à vaincre ne sont point au dehors, mais qu'elles existent au dédans même de leur corporation.

La seconde chose dont les industriels doivent s'occuper, c'est de se familiariser avec les observations suivantes, parce que ces faits, quand ils se les seront appropriés, accroîtront en eux le sentiment du droit qu'ils ont de jouir du premier degré d'importance politique et sociale.

PREMIÈRE OBSERVATION.

Messieurs,

L'existence politique générale de la maison de Bourbon en France, et celle des industriels, ont commencé à la même époque.

C'est dans le onzième siècle que les ancêtres des Bourbons ont placé la couronne de France sur leur tête, et c'est aussi dans le onzième siècle que l'affranchissement des industriels est devenue une mesure de politique générale dans notre pays.

Une chose importante à remarquer, et qui est l'objet de cette première observation, c'est que depuis cette époque jusques et compris le commencement de la révolution actuelle, les Bourbons et les industriels se sont prêté un mutuel appui.

Que les Bourbons comparent leur existence politique présente avec celle des premiers rois de leur dynastie, avec celle de Hugues-Capet et de ses premiers descendans qui n'étaient à l'égard des grands barons que *primus inter pares*;

Que les Bourbons réfléchissent sur la manière dont s'est passée la lutte qui s'est engagée entre eux et la noblesse, lutte en résultat de laquelle ils sont parvenus à obtenir la totalité du pouvoir exécutif et la presque totalité du pouvoir législatif qui s'exerce dans toute la France :

Et les Bourbons reconnaîtront que leurs prétentions ont toujours été chaudement soutenues par les industriels, et que c'est à l'appui qu'ils ont continuellement reçu d'eux, qu'ils sont redevables du haut degré de puissance auquel ils sont parvenus.

La maison de Bourbon doit donc beaucoup de reconnaissance aux industriels.

Que de leur côté les industriels fixent leur attention sur la position civile et politique de leur devanciers au commencement de la troisième race; ils seront forcés de s'avouer que leurs pères étaient dans l'esclavage.

Qu'ils descendent ensuite, par la pensée, dans les siècles qui se sont écoulés depuis cette époque, en observant l'amélioration successive de leur existence sociale, et en remarquant les causes qui ont principalement déterminé l'accroissement de leur importance civile et politique;

Et ils acquerront la conviction, que c'est en partie à la protection continue qui leur a été accordée par la maison de Bourbon contre les seigneurs qui s'étaient constitués leurs maîtres, qu'ils doivent attribuer les succès qu'ils ont obtenus.

Ainsi les industriels doivent éprouver un sentiment de reconnaissance pour la maison de Bourbon; ils doivent lui être attachés, ils doivent lui donner des preuves de leur attachement.

Messieurs, d'après ce qui vient d'être dit, il est parfaitement clair que les Bourbons et les industriels se doivent réciproquement de la reconnaissance, et qu'ils doivent par conséquent éprouver de l'affection les uns pour les autres;

Et il est également clair qu'ils doivent partager entre eux les avantages qui sont résultés des conquêtes qu'ils ont faites en commun sur le clergé et sur la noblesse.

DEUXIÈME OBSERVATION.

Messieurs,

En mettant de côté les rapports qui ont existé jusqu'à ce moment entre les Bourbons et les industriels, en ne considérant que leur position présente, on s'aperçoit facilement qu'ils ont un grand intérêt à s'unir et même à se liguer complètement ensemble; car c'est le seul moyen pour eux d'obtenir ce qui peut faire l'objet de leurs désirs raisonnables en politique.

Et en effet la maison de Bourbon désire nécessairement donner le plus promptement possible la plus grande solidité imaginable à son nouveau trône, à son trône constitutionnel.

Or, il est évident qu'elle n'a pas encore pris les bons moyens pour atteindre ce but; il est évident qu'elle n'a point encore analysé sa position actuelle; il est évident enfin qu'elle n'a encore écouté que des conseillers ignorans, incapables, ou perfides.

Que le roi prenne la peine d'examiner lui-même le fond des choses, et cet examen lui prouvera que l'ancienne noblesse ainsi que la nouvelle, que l'ordre judiciaire ainsi que le clergé ne sont point des alliés assez puissans pour mettre les Bourbons à l'abri des entreprises des factieux; et qu'ils peuvent d'autant moins garantir la famille royale des factions, qu'ils sont eux-mêmes les factieux les plus dangereux pour elle.

Le roi reconnaîtra que les industriels possédant à eux seuls (ainsi que je l'ai prouvé dans une lettre précédente) plus des neuf dixièmes de la capacité administrative, de la force physique, de la force pécuniaire, et de la force d'intelligence acquise qui existe dans la nation, l'industrie est le seul arc-boutant suffisamment solide pour que le trône des Bourbons puisse y être adossé avec sécurité.

Et Sa Majesté conclura nécessairement que, pour exercer sans inquiétude le pouvoir royal en France, le seul moyen consiste à gouverner pour les industriels et par les industriels.

Passons à l'examen de ce qui concerne l'industrie.

Depuis plus de trente ans que la révolution est commencée, les industriels ont été constamment le jouet des intrigans. Cela est provenu évidemment de ce qu'ils n'ont pas pris la peine de faire une combinaison politique, ayant pour objet direct la prospérité de la culture, du commerce et de la fabrication. Cela est provenu de ce qu'ils n'ont point formé un parti qui fût le leur, c'est-à-dire un parti qui ne fût composé que de cultivateurs, de négocians et de manufacturiers; un parti qui eût pour chefs des cultivateurs, des négocians et des fabricans.

Les industriels reconnaîtront (dès le moment qu'ils auront pris la peine de réfléchir sur leur position actuelle) qu'ils doivent, sans perdre un seul instant, entrer en activité politique sous deux rapports, et prendre les deux partis suivans :

Ils reconnaîtront qu'ils doivent, d'une part, se déclarer franchement les amis, les partisans, les défenseurs de la maison de Bourbon, afin d'ôter tout espoir à la faction qui désire un changement de dynastie, afin aussi d'ôter tout prétexte au ministère pour prolonger la durée des lois d'exception.

Ils reconnaîtront, d'une autre part, qu'ils peuvent demander hardiment au roi de confier le soin de former le projet de budget à un comité composé d'industriels de profession, puisque cette disposition sera également utile à la royauté et à la nation.

TROISIÈME OBSERVATION.

Messieurs,

Les Bourbons et les industriels se sont prêté un mutuel appui depuis le onzième siècle jusqu'à l'époque de la révolution, et ils ont prospéré pendant tout ce long espace de temps.

La ligue entre les Bourbons et les industriels, contre les prétentions du clergé et de la noblesse, ne s'est point rétablie lors de la rentrée du Roi; et il est résulté de cette désunion, le mal pour les Bourbons qu'ils ont eu et qu'ils ont encore à combattre une faction puissante qui travaille avec activité à opérer un changement de dynastie.

L'inconvénient pour les industriels, 1°. d'être écrasés d'impositions; 2°. que les impositions énormes qu'ils supportent ne sont point employées d'une manière utile pour la culture, pour le commerce et pour la fabrication.

Il est de l'intérêt des Bourbons et des industriels de recombiner leurs forces politiques, et de se liguer de nouveau contre les prétentions du clergé, et contre celles de la noblesse tant ancienne que nouvelle.

Les Bourbons et les industriels ont dans le moment présent tous les moyens nécessaires pour se prêter mutuellement un solide appui; et, en employant convenablement leurs forces, ils assureront leur commune prospérité.

Voilà, Messieurs, trois vérités incontestables, et que je crois avoir suffisamment établies dans les deux observations précédentes; maintenant il est de mon devoir, comme publiciste, de proclamer une quatrième vérité qui mérite de fixer l'attention des vrais amis de la maison de Bourbon.

Cette quatrième vérité est, qu'il existe, sous un rapport très-important, une grande différence entre la position des industriels et celle des Bourbons.

Les industriels sont certains d'atteindre leur but un peu plus tôt ou un peu plus tard ; c'est-à-dire, ils sont certains d'obtenir que l'administration des affaires publiques soit organisée de la manière la plus convenable pour la culture, pour le commerce et la fabrication.

Mais les Bourbons n'ont pas un moment à perdre pour donner de la solidité à leur trône(1).

J'ai l'honneur d'être,

Messieurs,

Votre très-humble et très-obéissant serviteur.

---

(1) Je m'attends à être dénoncé pour la hardiesse de mes opinions ; mais cette dénonciation ne m'inquiète point, parce que je suis certain de démontrer la pureté de mes intentions et l'utilité de mon travail pour la famille royale.

Les Bourbons sont dans une fausse position, et cette fausse position les expose aux plus grands dangers : ce sont deux faits incontestables, et qu'il ne faut point dissimuler au roi. Il faut dire à Sa Majesté la vérité toute entière ; il faut la convaincre que le seul moyen efficace qu'elle puisse employer pour établir un ordre de choses stables, consiste à appeler immédiatement les cultivateurs, les négocians et les manufacturiers à son secours ; qu'il consite à placer la haute administration dans les mains de ces industriels, en confiant à une commission, prise dans leur sein, le soin de faire le projet du budget.

IVe. LETTRE.

Messieurs,

En résumant mes lettres précédentes, je vous dirai que, depuis le commencement de la révolution, vous n'avez pas fait un seul moment ce que vous auriez dû faire, et que la royauté n'a pas agi plus sensément que vous; car elle n'a pas tenu la conduite qu'elle aurait dû tenir.

Pendant toute la révolution, la royauté et l'industrie se sont laissé diriger tantôt par les sabreurs et tantôt par les parleurs; aujourd'hui encore la magistrature suprême, ainsi que toute la classe occupée de travaux utiles, porte le joug des légistes.

La maison de Bourbon ne s'est point occupée de se faire une opinion qui lui fût propre, ni d'organiser un parti qui fût le sien; et les industriels ont commis de leur côté la même faute que les Bourbons. Ces deux puissances ont oublié qu'elles avaient toujours été alliées depuis l'origine de leur existence politique, et que leur grandeur acquise était le résultat de la combinaison de leurs forces.

Les Bourbons et les industriels se sont désunis, et c'est leur désunion qui a donné au clergé et à la noblesse le moyen de se refaire une existence politique ; c'est elle qui a donné naissance au parti anti-royal et anti-national qui s'est formé dans ces derniers temps, et qui s'oppose de tout son pouvoir à l'établissement d'n ordre de choses stables.

Si la maison de Bourbon d'une part, si l'industrie de son côté, ont suivi une mauvaise route, c'est par la raison qu'elles n'ont pas développé l'énergie qu'exigeaient les circonstances, et qu'elles ont pris des guides, tandis qu'elles devaient choisir elles-mêmes le chemin qui leur convenait de suivre, pour atteindre une position avantageuse et solide.

Il a existé une époque à laquelle les militaires ont dû dominer la société ; et ils ont en effet exercé sur elle un grand empire. Cette époque a été celle de l'ignorance.

Les métaphysiciens et les légistes ont dû jouer ensuite le premier rôle ; car ce sont eux qui ont mis en évidence les vices de la féodalité, et ils ont en effet fixé la principale attention de la société sur leurs discours et sur leurs écrits. Cette époque a été celle de la demi-science.

Mais, Messieurs, le progrès des lumières a enfin amené le régime du sens commun, et le sens commun n'est ni violent, ni bavard ; il n'est ni militaire, ni légiste.

Les organes naturels, les seuls véritables organes du sens commun, ou de l'intérêt commun, sont les industriels, par la raison que la force des choses contraint les cultivateurs, les négocians, ainsi que les fabricans, à mener de front la combinaison de l'intérêt général avec les calculs relatifs à leurs intérêts particuliers.

Ainsi le roi doit placer définitivement sa confiance dans les industriels ; il doit les charger de la direction générale de l'administration publique.

Maintenant, Messieurs, c'est au roi que je vais m'adresser. Dans un écrit que je vais faire imprimer et que j'aurai l'honneur de vous envoyer, je démontrerai clairement à Sa Majesté que son intérêt, que l'intérêt de sa dynastie, et même que l'intérêt de la royauté exigent que l'administration des affaires publiques soit dirigée par des industriels de profession.

A la suite de ce travail, j'exposerai tant à Sa Majesté qu'à vous, Messieurs, les mesures à prendre pour terminer immédiatement la révolution, en commençant l'organisation du régime le plus favorable à la prospérité de la culture, du commerce et de la fabrication.

Je prouverai à Sa Majesté,

1° Que l'adoption de ces mesures est le meilleur et même le seul moyen qu'elle puisse employer pour donner de la solidité à son trône :

2°. Que l'adoption de ces mesures n'éprouvera de la part de la nation aucune difficulté, et que ces mesures seront même accueillies par elle avec enthousiasme ;

Et à vous, Messieurs, je vous prouverai :

1°. Que l'adoption de ces mesures satisfera tous les désirs politiques raisonnables des cultivateurs, des négocians et des manufacturiers.

2°. Qu'il vous sera facile, par des moyens pacifiques et légaux, de déterminer Sa Majesté à adopter ces mesures, dans le cas où elle en serait détournée par des personnes ignorantes ou mal intentionneés.

J'ai dû faire précéder l'exposition des moyens à employer pour terminer la révolution, d'une part, des considérations préliminaires que je vous ai présentées ; et, d'une autre part, de celles que je vais soumettre à Sa Majesté, parce que, sans cette précaution, le plan que j'ai conçu, n'aurait pas suffisamment fixé votre attention, ni celle du roi.

Les choses les plus simples sont, Messieurs, celles qu'on trouve les dernières. Vous serez, j'ose le dire, étonné de la simplicité des moyens que je vous présenterai pour terminer la révolution :

le seul bon sens suffira pour les apprécier ; le seul bon sens suffira également pour les mettre à exécution, et cependant le succès en sera parfaitement certain.

J'ai l'honneur d'être,

Messieurs,

Votre très-humble et très-obéissant serviteur.

AU ROI.

SIRE,

La sollicitude des souverains est concentrée, depuis plusieurs années, et principalement aujourd'hui, sur l'état du corps social.

En France, ainsi que dans les autres pays occidentaux de l'Europe, tous les hommes sages contemplent avec anxiété la crise dans laquelle la société se trouve engagée ; tous les bons esprits, quelles que soient d'ailleurs leurs opinions sur la nature de cette crise et sur les moyens de la faire cesser, reconnaissent l'impossibilité absolue que la situation politique actuelle puisse être durable : tous proclament la nécessité d'arriver enfin à un ordre de choses stables. Ce besoin est aujourd'hui profondément senti tant par les peuples que par les princes, chacun pour leurs intérêts respectifs.

L'existence du mal étant suffisamment constatée et admise, on ne peut plus s'occuper que de chercher le remède. Malheureusement tous les efforts faits jusqu'à ce jour, dans cette vue, par les hommes d'état et par les publicistes, n'ont point sensiblement avancé la solution de la question. Cela est manifeste, puisque, malgré tant de travaux théoriques et de tentatives pratiques, les gouvernans et les gouvernés sont toujours à-peu-près également mécontens de l'état des choses, également inquiets de leur avenir, également incertains sur la marche qu'ils doivent adopter.

Il faut nécessairement conclure d'un tel fait, que les recherches des hommes d'état et des publicistes, pour rétablir le calme dans l'ordre social, ont été jusqu'à présent mal dirigées.

Si l'on essaie de remonter plus haut, et de déterminer en quoi leur marche a été vicieuse, on trouve que c'est pour avoir presqu'exclusivement fondé leurs raisonnemens sur des principes purement métaphysiques, et sur une analyse superficielle de l'état social actuel, au lieu de leur avoir donné pour base la série des grandes observations historiques relatives à la marche de la civilisation. C'est ce qu'il est aisé de prouver par les réflexions suivantes qu'il suffit d'indiquer sommairement.

A considérer la grande question politique, sous le point de vue le plus facile à saisir pour les gouvernemens, elle se réduit toute entière à déterminer quel est l'ordre de choses qui peut aujourd'hui acquérir de la stabilité.

Or, la seule constitution solide et durable est évidemment celle qui s'appuie sur les forces temporelles et spirituelles, dont l'influence est actuellement devenue prépondérante, et dont en même temps la supériorité tend à se prononcer de plus en plus, par la seule marche naturelle des choses. Cela posé, il n'est pas douteux que l'observation du passé ne soit le seul moyen de découvrir sans incertitude quelles sont ces forces, et d'évaluer aussi exactement que possible leur tendance et leur degré de supériorité. Il sensuit donc que l'étude de la marche de la civilisation doit être la base des raisonnemens politiques, propres à diriger les hommes d'état dans la formation de leurs plans généraux de conduite. C'est parce que les plus capables même d'entr'eux n'ont jamais suivi cette méthode; c'est parce qu'ils se sont bornés à analyser l'état présent de la société, abstraction faite de ceux qui l'ont précédé, que leur politique est restée jusqu'ici sans bases véritables.

Aucune analyse du présent, ainsi considérée d'une manière isolée, avec quelque habileté qu'on la suppose faite, ne peut fournir que des données très-superficielles, et même entièrement erronées. Car elle expose perpétuellement à confondre, et à prendre les uns pour les autres, deux sortes d'élémens qui co-existent toujours dans l'état actuel d'un corps politique, et qu'il est si essentiel de distinguer, savoir, les restes d'un passé qui s'éteint, et les germes d'un avenir qui s'élève.

Cette distinction, utile à toutes les époques pour l'éclaircissement des idées politiques, est fondamentale aujourd'hui où nous touchons à la plus grande révolution de l'espèce humaine.

Or, comment discerner, sans être guidé par l'observation approfondie du passé, les élémens sociaux relatifs au système qui tend à disparaître, de ceux correspondans au système qui tend à se constituer ?

Et, sans avoir fait scrupuleusement cette distinction, quelle sagacité humaine pourrait éviter de prendre souvent, pour les forces réellement prépondérantes, des forces dont il ne reste plus que l'ombre, et qui ne sont, pour ainsi dire, que des êtres métaphysiques ?

Il est donc tout-à-fait indispensable aux gouvernemens, pour voir la crise sociale actuelle sous son aspect véritable, et pour découvrir le vrai moyen de la terminer, de donner pour base à leurs raisonnemens les résultats généraux auxquels conduit la série des observations sur la marche de la civilisation.

Mais il faut considérer, de plus, que cette série ne peut être fort instructive et fort utile, qu'autant qu'elle est prise de très-haut, et qu'elle s'attache à l'ensemble du système social, ou à ses élémens les plus essentiels. Datée d'une époque trop rapprochée, ou suivie sous un point de vue trop particulier, elle pourrait engendrer des erreurs nouvelles : on en citerait aisément de nombreux exemples.

L'époque de la formation de nos sociétés modernes, au moyen âge, me paraît être le point de départ le plus convenable. L'observation (1) philosophique du passé, depuis cette époque, fournit un fait général éminemment remarquable, qui suffit pour établir sur une base positive et très-large la politique actuelle des gouvernemens.

C'est à l'exposition sommaire de ce fait et de ses principales conséquences, que je me bornerai dans cet écrit que je prends la liberté d'adresser à Votre Majesté.

SIRE,

La prédication du christianisme en Europe, et la conquête de l'empire d'Occident par les

(1) J'ai traité ailleurs (dans la 2e. livraison de l'*Organisateur*) cette série d'observations, d'une manière plus détaillée et plus complète : je dois me borner ici à la présenter sommairement, et seulement sous le point de vue le plus essentiel à la royauté.

peuples du nord, ont jeté les fondemens de la société moderne. Elle a commencé en France vers le cinquième siècle. Mais elle ne s'est constituée d'une manière régulière que vers le onzième siècle, par l'établissement général de la féodalité, et par l'organisation complète du pouvoir spirituel sous Hildebrand et ses premiers successeurs.

Dans cet ancien ordre de choses, tout le temporel de la société était entre les mains des militaires. Toutes les propriétés mobilières et immobilières leur appartenaient exclusivement. Les travailleurs mêmes étaient leurs esclaves, individuellement et collectivement.

De même, le clergé, qui partageait d'ailleurs avec les militaires les bénéfices temporels de la féodalité, possédait exclusivement la direction spirituelle de la société, non-seulement dans son ensemble, mais encore dans tous ses détails. Il dirigeait seul l'éducation générale et particulière, et, en outre, ses doctrines et ses décisions servaient de guides à l'opinion et à la conduite de tous les hommes, à toutes les époques ainsi que dans toutes les circonstances de la vie.

Cette constitution politique s'est maintenue pendant plusieurs siècles, indépendamment de l'action de la force qui l'avait primitivement établie, parce qu'elle était en rapport avec l'état de la civilisation à cette époque. L'industrie était alors dans l'enfance, et la guerre devait être pour les peuples la principale occupation, soit comme moyen de s'enrichir, soit comme moyen de repousser les attaques dont ils étaient sans cesse menacés. Par cette double circonstance, les militaires devaient tout naturellement être investis du premier degré de puissance et de considération, et les industriels ne pouvaient être classés qu'en subalternes. De même, les sciences positives n'existant point encore, et le clergé étant le seul corps qui possédât quelques lumières, il était de toute nécessité qu'il exerçât un empire absolu sur les esprits, qu'il dirigeât exclusivement les consciences, et par suite qu'il jouît dans la société d'une existence proportionnée à ses éminentes fonctions.

Deux événemens principaux, amenés par la marche naturelle de la civilisation, et secondés dans leur action par une foule d'événemens importans qui tenaient à cette marche d'une manière plus ou moins étroite, ont irrévocablement détruit peu à peu cette constitution, parce qu'ils ont peu à peu changé de fond en comble l'état de société auquel elle correspondait. Ces deux événemens sont l'affranchissement des communes et la culture des sciences positives, introduites en Europe par les arabes.

Les industriels, primitivement esclaves, sont parvenus à force de travail, de patience, d'économie et d'invention, à grossir le petit pécule que leurs maîtres leur avaient permis de former. Enfin les militaires, pour se procurer plus aisément les jouissances que leur offraient les nouveaux produits créés par les industriels, ont consenti à leur rendre la libre disposition de leurs personnes et du produit de leurs travaux.

Cet affranchissement ayant permis à l'industrie de se développer, elle a fait depuis cette époque des progrès non-interrompus et toujours croissans. Le cercle des besoins et des jouissances s'étant par-là continuellement agrandi, il en est résulté qu'en même temps que les industriels ont créé par leurs travaux une masse énorme de nouvelles propriétés, les nobles leur ont vendu successivement des portions de plus en plus grandes de leurs propriétés mobilières et immobilières.

Par l'action lente, mais continue, de ces deux causes permanentes qui concourent au même but, l'état de la propriété a été tellement interverti, que la masse des industriels (y compris les cultivateurs) possède aujourd'hui la très-majeure partie des richesses totales.

Ce changement en a entraîné un autre dans la tendance générale de la société.

A mesure qu'elle s'est enrichie par l'industrie,

la guerre a perdu de son importance sous le rapport offensif.

Et la même révolution s'étant opérée chez tous les peuples occidentaux de l'Europe, la guerre défensive est aussi devenue de moins en moins importante.

Il est résulté de-là que la profession des armes ne peut plus jouer dans la société qu'un rôle très-subalterne.

Cet effet naturel a été puissamment secondé par l'invention de la poudre, qui a fait disparaître l'éducation guerrière comme éducation spéciale, et qui a rendu la force militaire essentiellement dépendante de l'industrie, de telle sorte qu'aujourd'hui les succès militaires sont assurés aux peuples les plus riches et les plus éclairés.

Cet accroissement successif de l'industrie, et ce décroissement correspondant de la féodalité, sous le rapport civil, ont été accompagnés d'une influence politique toujours croissante de la classe industrielle aux dépens de la classe féodale.

Vos ancêtres, Sire, ont puissamment secondé, sous ce rapport essentiel, la marche naturelle des choses; et, par le concours permanent de ces deux causes, la puissance politique des nobles a été presqu'entièrement détruite; en même temps que leur force civile s'est éteinte.

Si l'on observe maintenant la société, sous le rapport spirituel, on trouvera qu'il s'y est opéré un changement tout aussi complet.

Quand les sciences d'observation furent introduites en Europe par les arabes, le clergé commença par les cultiver ; mais bientôt il les abandonna irrévocablement, et elles passèrent entre les mains d'une classe distincte, qui dès-lors a formé un nouvel élément dans la société.

Par les immenses progrès que les sciences ont faits depuis, la supériorité de lumières du clergé, qui était le véritable fondement de sa puissance spirituelle, a totalement disparu. Les esprits, en s'éclairant, ont peu à peu perdu leur soumission absolue aux croyances théologiques. Enfin, l'influence politique de ces croyances, et même leur influence morale, ont été détruites dans leur base, du moment qu'on a admis pour chaque individu le droit de les soumettre à la discussion, et de les adopter ou de les rejeter d'après ses lumières personnelles.

A mesure que les opinions du clergé ont cessé de devenir dominantes, celles des savans, sur les objets de leur ressort, ont commencé à faire autorité, même dans les cas où elles se sont trouvées en contradiction manifeste avec les premières.

Aujourd'hui, les décisions scientifiques sont

les seules qui aient le pouvoir de commander une croyance universelle. Les décisions théologiques n'ont d'influence réelle que sur les classes les moins éclairées de la société ; encore même cette influence y est-elle assez faible, et nullement comparable à celle qu'exercent, sur les mêmes classes, les opinions des savans.

C'est un fait qu'on peut déplorer, mais qu'il faut absolument reconnaître, et qu'il est de la haute importance de ne perdre jamais de vue, sous peine de se tromper complètement sur la manière de remédier à l'état de désordre, dans lequel la société est plongée.

Ce qui précède, est l'exposé sommaire des observations les plus générales que présente l'ensemble des principaux faits politiques depuis sept ou huit cents ans. Cet exposé peut lui-même être fidèlement résumé par l'énoncé du fait général suivant :

« Les forces temporelles et spirituelles de la
» société, ont changé de mains. La force tem-
» porelle véritable réside aujourd'hui dans les in-
» dustriels, et la force spirituelle dans les savans.
» Ces deux classes sont, en outre, les seules
» qui exercent sur l'opinion et sur la conduite
» du peuple, une influence réelle et permanente. »

C'est ce changement fondamental qui a été la

véritable cause de la révolution française. Cette grande crise n'a point eu sa source dans tel ou tel fait isolé, quelqu'importance réelle qu'il ait pu avoir d'ailleurs. Il s'est opéré un bouleversement dans le système politique, par la seule raison que l'état de société auquel correspondait l'ancienne constitution, avait totalement changé de nature. Une révolution civile et morale, qui s'exécutait graduellement depuis plus de six siècles, a engendré et nécessité une révolution politique : rien n'était plus conforme à la nature des choses. Si l'on veut absolument assigner une origine à la révolution française, il faut la dater du jour où a commencé l'affranchissement des communes, et la culture des sciences d'observation dans l'Europe occidentale.

Avant de tirer du résumé précédent les conséquences relatives au plan de conduite que me paraissent devoir adopter aujourd'hui les gouvernemens, il est nécessaire de jeter un coup-d'œil sur la marche qu'a suivie jusqu'à ce jour la révolution française, et sur ses principaux résultats. Quoique l'état fondamental de la société soit essentiellement resté tel que je viens de le dépeindre, et qu'il n'ait fait seulement que se développer davantage, les événemens l'ont surchargé d'élémens purement accidentels, qui tendent à en faire méconnaître le véritable caractère.

Puisque la révolution française avait pour cause fondamentale le changement des forces qui s'était opéré au temporel et au spirituel, le seul moyen de la diriger convenablement était sans doute, de mettre en activité politique directe les forces qui étaient devenues prépondérantes; et tel est encore aujourd'hui le seul moyen de la terminer. Il fallait donc appeler les industriels et les savans à former le système politique correspondant au nouvel état social. C'est ce que paraît avoir senti, Sire, votre illustre et malheureux frère en accordant au tiers-état une double représentation dans les états-généraux.

La révolution a donc été bien commencée. Pourquoi a-t-elle été presqu'immédiatement jetée dans une fausse route? C'est ce qu'il importe d'éclaircir; et, pour cela, il est nécessaire de remonter plus haut.

Il est dans la nature de l'homme de ne pouvoir passer sans intermédiaires d'une doctrine quelconque à une autre. Cette loi s'applique bien plus impérieusement encore aux différens systèmes politiques par lesquels la marche naturelle de la civilisation oblige l'espèce humaine à passer. Ainsi, la même nécessité, qui a créé dans l'industrie l'élément d'un nouveau pouvoir temporel destiné à remplacer le pouvoir militaire, et dans les sciences positives, l'élément d'un nouveau pouvoir spirituel appelé à succéder au pouvoir théologique, a dû développer et mettre en activité (avant que ce changement dans l'état de la société eût commencé à devenir très-sensible) un pouvoir temporel et un pouvoir spirituel, d'une nature intermédiaire, bâtarde et transitoire, dont l'unique rôle était d'opérer la transition d'un système social à l'autre.

Pour passer du principe militaire au principe industriel, il a dû se former un principe intermédiaire, qui, en reconnaissant la suprématie du premier, assujétît cependant l'action de la force à des limitations et à des règles puisées dans l'intérêt des industriels.

De même, pour passer du pouvoir théologique fondé sur la révélation, au pouvoir scientifique fondé par la démonstration, il a dû s'établir un pouvoir moyen, qui, en admettant la supériorité de certaines croyances religieuses fondamentales, fît accorder le droit d'examen sur tous les articles secondaires. La méditation ferait deviner ces deux faits généraux, si l'histoire ne nous le faisait point connaître.

Or, l'histoire nous montre que ces deux classes intermédiaires ont été, pour le temporel, celle des légistes, et pour le spirituel, celle des métaphysiciens.

Les légistes, qui n'étaient à l'origine que des agens des militaires, ont bientôt formé une classe distincte, qui a modifié l'action féodale par l'établissement de la jurisprudence, laquelle n'a été qu'un système organisé de barrières opposées à l'exercice de la force.

Pareillement, les métaphysiciens (1), sortis d'abord du sein de la théologie sans cesser jamais de fonder leurs raisonnemens sur une base religieuse, ont modifié l'influence théologique par l'établissement du droit d'examen, en matière de dogme et de morale.

Leur action, qui a commencé principalement à la réforme du seizième siècle, s'est terminée dans le siècle dernier par la proclamation du principe de la liberté illimitée de conscience.

Il résulte de cet état nécessaire de choses, que,

---

(1) C'est évidemment par eux, que la transition s'est opérée, au spirituel, en Angleterre et en Allemagne.

En France, ce sont surtout les gens de lettres qui ont joué ce rôle. Mais, comme tous leurs principes ont été essentiellement métaphysiques, j'ai cru devoir adopter la dénomination de *métaphysiciens*, de préférence à celle de *littérateurs*, comme étant à la fois plus générale et plus caractéristique.

dans les deux ou trois derniers siècles, ce sont les légistes et les métaphyciciens, qui ont occupé presqu'exclusivement la scéne politique, et que les communes ont peu à peu contracté l'habitude de voir en eux les défenseurs nés de leurs intérêts généraux.

Comme ils avaient effectivement très-bien rempli la tâche que la marche naturelle de la civilisation leurs avait assignée, les communes prenant d'une manière absolue ce qui n'était vrai que relativement, n'ont pas cru pouvoir mieux faire, lorsqu'elles ont été appellées à former les états-généraux de 1789, que de leur confier la cause industrielle.

Cette faute capitale des communes, qui tenait à leur ignorance politique, a été le motif principal de la fausse direction que la révolution a prise dès son origine.

Les communes auraient dû s'apercevoir que la transition était terminée, ou du moins suffisamment avancée, et que, par conséquent, le rôle des légistes et des métaphysiciens était fini, au moins comme rôle principal.

Elles auraient dû considérer que, l'objet propre de la révolution étant la formation d'un nouveau système politique, les légistes et les métaphysiciens, dont tous les travaux se bornaient à imaginer des modifications, étaient par cela même incapables de diriger sainement cette révolution ; elles auraient dû penser que les savans et les industriels les plus habiles étaient les seuls propres à remplir cette tâche ; en un mot, elles auraient dû choisir leurs conseillers dans leur sein.

Les légistes et les métaphysiciens, ainsi appelés à la formation du nouveau système politique, n'ont pu que continuer à suivre leurs habitudes constantes, et ils se sont occupés uniquement d'établir un système très-étendu de garanties pour les gouvernés, et de barrières contre les gouvernans, sans s'apercevoir que les forces contre lesquelles ils voulaient encore se précautionner, étaient presque éteintes.

Quand ils ont voulu aller plus loin, ils se sont jetés dans la question absolue du meilleur gouvernement imaginable ; et, toujours dirigés par les mêmes habitudes, ils l'ont traitée comme une question de jurisprudence et de métaphysique. Car, en effet, la théorie des droits de l'homme, qui a été la base de tous leurs travaux en politique générale, n'est autre chose qu'une application de la haute métaphysique, à la haute jurisprudence.

Il est inutile de rappeler ici les idées absurdes que cette méthode a engendrées, et les déplorables conséquences pratiques qui en ont résulté.

Quelque funestes qu'aient été ces suites de la fausse manière de procéder suivie par les légistes et les métaphysiciens, il serait peu philosophique de leur en faire un reproche, puisque cette manière était la seule qui leur fût propre, et que son vice radical consistait uniquement à n'être point appropriée aux questions qu'ils ont été chargés de traiter.

Toute la faute était donc, en dernière analyse, l'ouvrage des communes qui avaient choisi leurs représentans dans des classes où elles n'auraient pas dû les prendre. Tous les grands désastres de notre révolution auraient été évités, si les industriels, répondant au noble appel du pouvoir royal, s'étaient choisi des chefs parmi eux.

Le simple bon sens dirige mieux que les fausses lumières. Si les communes avaient elles-mêmes traité leurs intérêts, elles ne se seraient point livrées à ses discussions métaphysiques, sur les droits de l'homme; elles se seraient bornées à suivre leur propre expérience politique. De même qu'elles avaient jadis racheté leur liberté, elles auraient alors rachetés des militaires, la portion des droits politiques qu'ils continuaient à exercer, et qui pesaient sur elles. L'abolition de la féodalité, au lieu de se faire par la violence, se serait opérée en vertu d'un arrangement à l'amiable, et la révolution aurait eu dès son origine le caractère d'une réforme paisible.

De plus, elle aurait été bientôt terminée; car les communes, sachant nettement ce qui leur convenait, et ne se dirigeant que d'après des idées positives, seraient entrées directement dans la route du nouveau système politique, qui se serait ensuite graduellement formé, suivant le cours ordinaire des choses à mesure que les idées se seraient éclaircies.

Sire, si j'ai cru devoir insister sur l'explication précédente, ce n'est point pour exprimer sur le passé de vains regrets, c'est parceque la faute commise par les industriels au commencement de la révolution, et qui lui a imprimé une si mauvaise direction, est encore aujourd'hui le principal obstacle à l'établissement d'un ordre de choses stable, conforme aux intérêts de la royauté et des communes.

Je suis profondément convaincu que Votre Majesté ne saurait rendre à sa dynastie un service plus essentiel, que d'employer son influence à vaincre l'inertie politique des industriels, et leur obstination à confier aux légistes et aux métaphysiciens, la conduite de leurs intérêts généraux. D'ailleurs, l'observation sur laquelle cette opinion est fondée, vraie relativement aux communes, l'est aussi, et par les mêmes raisons, relativement au pouvoir royal.

Si dans l'état politique actuel, les légistes et les métaphysiciens, sont impropres à diriger les intérêts généraux des communes, ils le sont également par cela même à servir de conseillers à la royauté. Je me borne ici à indiquer cette réflexion, qui se reproduira d'elle-même à la fin de cet examen.

Après avoir expliqué la direction que la révolution a prise, je passe à l'observation des principaux résultats qu'elle a produits, jusqu'à la restauration.

Ceux auxquels il est le plus nécessaire d'avoir égard dans les considérations actuelles, sont, sous le rapport temporel, l'abolition des priviléges féodaux, la vente des biens de la noblesse et du clergé, et la naissance d'une nouvelle féodalité; sous le rapport spirituel, l'établissement solennel du principe de la liberté de conscience.

La Charte accordée par Votre Majesté a consacré ensuite ces différens résultats.

La vente des biens de la noblesse et du clergé fut un acte de violence, en dehors du cours naturel des choses; et la formation d'une féodalité nouvelle, fut un résultat de la fausse direction que la révolution avait suivie dès son origine. Mais l'abolition de l'ancienne féodalité et l'établissement de la liberté religieuse n'ont eu nullement ce caractère accidentel. Ces deux effets ont été la conséquence nécessaire de la marche de la société dans tous les siècles antérieurs, depuis l'affranchissement des communes, et l'introduction des sciences positives en Europe, par les arabes

On ne peut les envisager que comme le complément naturel de la décadence de l'ancien système social, qui s'était opérée par degrés jusqu'alors.

On a souvent remarqué que l'exécution d'une grande entreprise, de quelque nature que ce soit, est presque toujours attribuée en totalité à celui qui y a mis la dernière main, quoiqu'il n'y ait contribué, d'ordinaire, que pour la plus petite partie. C'est par le même motif que les esprits superficiels rapportent à la révolution française la chute de l'ancien système social. La réflexion la plus simple aurait dû cependant garantir d'une erreur aussi palpable, qui a été néanmoins la source d'une foule de mauvais raisonnemens, tant de la part des admirateurs de la révolution, que de celle de ses détracteurs. Il suffisait de se demander par quel miracle un édifice, dont la construction a exigé plus de six cents ans d'efforts et de travaux de tous genres, a pu être détruit en un instant, si l'on admet, d'un autre côté, qu'il ait subsisté sans altération pendant sept à huit siècles.

L'abolition de la féodalité, opérée par l'assemblée constituante, n'a été que la suppression d'un reste d'autorité politique que les nobles avaient encore conservé, et qui ne consistait que dans quelques droits, presqu'insignifians en eux-mêmes, quoique fort onéreux pour les communes. C'est depuis Louis-le-Gros, jusqu'à Louis XI, et depuis ce monarque jusqu'à Louis XIV, qu'a été réellement effectuée la destruction de la féodalité. Ce que la révolution lui a enlevé, n'est absolument d'aucune importance, auprès de ce qu'elle a perdu dans cet intervalle.

La même réflexion s'applique avec plus d'évidence encore au pouvoir spirituel. La proclamation du principe de la liberté de conscience, qui détruit dans sa racine toute autorité théologique, n'a été que l'expression solennelle de l'état des esprits, long-temps avant la révolution. Cet état résultait lui-même immédiatement de la marche de la civilisation, depuis l'époque où les sciences positives commencèrent à être cultivées dans l'Europe occidentale, et plus particulièrement depuis la découverte de l'imprimerie et la réforme du seizième siècle. Cette marche des choses nécessitait alors aussi inévitablement l'extinction du pouvoir théologique, qu'elle avait jadis nécessité son établissement sous Hildebrand, par l'état moral où la société s'était trouvée dans les quatre ou cinq siècles qui précédèrent le règne de ce pontife.

Ainsi, les effets propres de la révolution ne sont nullement en rapport d'importance avec l'idée qu'on s'en forme communément. Cette époque n'a été que le dernier période de la décadence de l'ancien système social, décadence qui s'opérait depuis cinq à six siècles, et qui était alors presque complète. Le renversement de ce système n'a point été l'effet, encore moins l'objet de la révolution ; il en a, au contraire, été la véritable cause. Le but réel de la révolution, celui que la marche de la civilisation lui a assigné, était la formation d'un nouveau système politique. C'est parce que ce but n'a pas été atteint, que la révolution n'est point encore terminée.

L'état de désordre moral et politique dans lequel la France et les autres pays occidentaux de l'Europe sont aujourd'hui plongés, tient uniquement à ce que l'ancien système social est détruit, sans que le nouveau soit encore formé. Cette crise ne cessera, et l'ordre ne s'établira sur des bases solides, que lorsque l'organisation du nouveau système, sera commencée et en pleine activité. Voilà ce que démontre de la manière la plus évidente, l'observation approfondie de la marche de la civilisation, suivie sans interruption, depuis l'affranchissement des communes et l'introduction des sciences positives en Europe par les arabes, jusqu'à nos jours.

Tel était donc l'état des choses, à l'époque du retour de Votre Majesté, et cet état n'a point changé depuis. Il existait dans la société, deux sortes de forces, d'une nature opposée.

Les unes, caduques, impuissantes, bien loin de pouvoir servir d'appui, étaient incapables de se soutenir plus long-temps par elles mêmes : c'étaient celles de l'ancienne féodalité, avec laquelle le clergé faisait cause commune, et celles de la féodalité nouvelle (1).

---

(1) Je n'hésite pas à mettre au nombre des forces caduques, celles de la nouvelle féodalité, malgré sa création toute récente.

Il est en effet évident que, dans l'état actuel de la civilisation, la formation d'une féodalité, étant absolument opposée à la marche des choses, ne peut avoir aucun effet durable. Les efforts de Bonaparte pour reconstituer, au dix-neuvième siècle, une féodalité militaire, sur le même plan que celle de Clovis, sont, sous le rapport temporel,

Les autres, au contraire, viriles, toutes-puissantes, composaient les véritables forces constituantes, au temporel et au spirituel : elles résidaient, dans les industriels, d'une part ; dans les savans et les artistes, de l'autre.

D'après ces données, le plan de conduite politique que devaient se former les ministres de Votre Majesté, se présentait de lui-même. Il consistait à abandonner à leur destinée (en indemnisant les individus) des classes que la marche des choses avait condamnées à la mort politique, et à mettre en activité les forces devenues prépondérantes :

Au lieu de cela, qu'a fait le ministère ?

Il a considéré les deux noblesses, comme les classes que la royauté devait chercher à s'atta-

---

ce qu'étaient, sous le rapport spirituel, les efforts de l'empereur Julien pour redonner de la force au paganisme, à une époque où la prédication du christianisme était en pleine activité : ils ne sauraient obtenir plus de succès.

Toute production contre nature ne peut avoir qu'une existence momentanée : telle a été celle de la république romaine en France, sous nos démagogues ; telle sera celle de la féodalité de Bonaparte, création également accidentelle de la révolution. Cette féodalité se serait déjà éteinte d'elle-même, si la royauté, au lieu de la ménager, s'était choisi des appuis plus solides dans une liaison franche et intime avec les communes.

cher principalement, en ayant seulement le soin de balancer entr'elles la protection royale, de manière à ce qu'aucune des deux ne pût se regarder ni comme exclue, ni comme préférée (1).

Ce plan était absolument vicieux, pour deux raisons principales : l'une, qu'il donnait, pour appui à la royauté, des forces qui n'avaient aucune puissance réelle, qui tiraient du pouvoir royal toute leur existence factice, et qui, par conséquent, étaient pour lui de veritables charges, bien loin d'être des soutiens ; l'autre, qu'en faisant supporter aux communes les deux féodalités, il établissait nécessairement un système d'administration très-onéreux, dont les frais devaient s'accroître continuellement, et qui tendait à attirer au pouvoir royal la désaffection des communes.

Ainsi, ce plan de conduite ôtait du pouvoir et de l'argent aux véritables amis de la royauté, pour en donner à ses véritables ennemis.

---

(1) Ce système de balancement, qui a été, comme de raison, très-critiqué par les deux parties intéressées, était certainement préférable, tant pour la royauté que pour les communes, à la combinaison absolue et exclusive avec l'une quelconque des deux noblesses. En adoptant le plan radicalement vicieux d'appuyer le trône sur des intérêts autres que ceux des communes, ce système était le seul moyen de le soutenir pendant quelque temps.

Une erreur quelconque a toujours un motif, qui n'est le plus souvent, ni dans les mauvaises intentions, ni même dans l'incapacité, mais, pour l'ordinaire, dans le manque de connaissance des faits qui doivent servir de base au raisonnement, ou dans le mauvais choix de ces faits. Telle a été, j'ose le présumer, la cause qui a conduit les ministres de Votre Majesté à adopter un système aussi vicieux.

Quatre erreurs de fait me paraissent avoir été le principe de leurs erreurs théoriques.

En premier lieu, je ne doute pas que le ministère n'ait cru sincèrement que les deux noblesses étaient les classes prépondérantes de l'état, celles qui avaient le plus de force politique. Rien n'était plus naturel que cette persuasion, quelque mal fondée qu'elle fût. L'étude approfondie de la marche de la civilisation, depuis cinq à six siècles, eût été le seul moyen de se garantir de cette illusion politique : or jusqu'ici très-peu d'hommes détat et de publicistes ont senti la nécessité de cette étude. Sans elle néanmoins, comment ne pas se méprendre sur le véritable état de la société ? toutes les circonstances qui peuvent le masquer, sont aujourd'hui cumulées. Car, d'un côté, les deux noblesses et leurs clientelles forment deux partis organisés, très-actifs, et dans lesquels se trouvent enrégimentés, comme agens principaux de l'un et de l'autre, presque tous les légistes, c'est-à-dire, presque tous ceux qui parlent et écrivent aujourd'hui sur les affaires politiques : comment n'en résulterait-il pas pour ces partis une apparence imposante de force ?

D'un autre côté, ni les industriels, ni même les savans, ne sont organisés, sous le rapport politique ; ils n'ont aucune activité pour leurs intérêts généraux ; ils ne s'en occupent point, si ce n'est pour se plaindre quand ils se trouvent trop foulés, sans remonter jamais à la source du mal, afin d'en découvrir le remède : ils n'ont point de brillans et bruyans avocats ; leurs représentans dans les chambres y sont en très-petite minorité, et n'y forment, d'ailleurs, aucun parti distinct. Il est tout-à-fait impossible, avec ces deux causes générales d'erreurs, de ne pas se tromper sur la force réelle de deux féodalités, comparée à celle des communes.

Quand on n'a point contracté l'habitude de fonder tous les raisonnemens politiques sur la série de faits historiques, qui constate la marche de la civilisation depuis l'affranchissement des communes, on tombe nécessairement dans l'erreur.

En second lieu, les ministres de Votre Majesté ont cru, sans doute, pouvoir compter comme un très-puissant appui, l'influence du clergé.

C'est encore une illusion, dont il est très-facile d'assigner la cause.

Les idées morales ont été jusqu'à présent fondées sur les doctrines du clergé ; les savans n'ont point encore exécuté, ni même commencé, la formation d'un système de morale positive, qui, sans rejeter le secours énergique et bienfaisant des hautes croyances religieuses, en soit néanmoins indépendant. Par un sentiment confus de cet état des choses, les esprits les plus forts du dernier siècle, tels que Montesquieu et Rousseau, ont blâmé avec vigueur la témérité aveugle et irréfléchie avec laquelle des philosophes superficiels ont attaqué et livré au ridicule les idées religieuses, bases de la morale.

Cette sage disposition est aujourd'hui devenue très-commune, d'abord parmi les savans, et ensuite chez les industriels, parce que l'expérience a fait sentir de plus en plus profondément le besoin d'idées morales, et, par conséquent, de bases pour les soutenir.

La génération actuelle a fait disparaître, de nos livres et de notre société, ce ton de frivolité et de plaisanterie sur les croyances religieuses, dont la génération précédente faisait parade ; il est aujourd'hui presqu'universellement désapprouvé, et même dans les salons de nos oisifs, il est réputé de mauvais goût. Il a été remplacé par un sentiment général de respect pour les idées religieuses, fondé sur la conviction de leur nécessité présente. On peut aisément prendre ce sentiment pour une croyance réelle, ou, au moins, pour une disposition qui permet de rétablir les croyances dans leur ancien empire, quand on n'observe pas avec l'attention la plus scrupuleuse, et quand on n'a point familiarisé son esprit avec la marche que l'esprit humain a suivie depuis l'introduction des sciences positives en Europe, par les arabes.

Mais pour ceux auxquels cette marche est familière, il n'est pas douteux, malgré le fait que je viens d'analyser, que les doctrines du clergé ont perdu toute leur force, qu'elles ne peuvent plus être un appui réel pour le pouvoir royal, et que même elles ne continuent à servir de bases à la morale, que parce qu'elle n'a point encore été établie par les savans sur ses nouvelles bases.

Or, ce dernier état des choses doit être nécessairement très-passager; et, quand il aura disparu, toute l'influence que le clergé possède encore, se dissipera pour jamais.

En troisième lieu, le ministère de Votre Majesté a pensé, vraisemblablement, que l'ancienne noblesse était très-attachée à la royauté, et que la nouvelle le deviendrait bientôt par les bienfaits du Roi.

Sans doute, il ne s'est point trompé, relativement à beaucoup d'hommes d'un caractère honorable, qui se trouvent dans l'une et dans l'autre classe, et sur lesquels la vénération d'une part, ou la reconnaissance de l'autre, ont assez d'empire pour dominer les intérêts personnels. Mais ce n'est point ainsi qu'on peut juger les masses. L'expérience a suffisamment prouvé que l'ancienne noblesse, en général, se proposait pour but le rétablissement de ses priviléges et de ses richesses, et, s'il se peut même, du régime où le roi n'était que *primus inter pares;* qu'enfin elle ne regardait la protection royale que comme un moyen d'atteindre ce but, à l'accomplissement duquel était subordonné son attachement, et même son obéissance. Tout absurde qu'il est, ce projet n'en existe pas moins.

Quant à la noblesse de Bonaparte, elle regarde, en général, les bienfaits du roi comme des devoirs; elle voit de très-mauvais œil la concurrence de l'ancienne noblesse; elle considère les places comme sa propriété naturelle et légitime, et elle ne se regardera comme assurée de la possession de ses titres et de ses richesses, que lorsqu'elle aura placé sur le trône un roi de sa façon. C'est un fait dont tous les observateurs sensés et impartiaux sont aujourd'hui convaincus, quoique tous ne le proclament pas.

Enfin, le ministère craint peut-être que les communes ne soient peu attachées à la royauté, en général, et à la maison de Bourbon, en particulier. Cette crainte est entièrement chimérique. Les industriels et les savans sentent profondément le besoin de la royauté, et de la royauté entre les mains des Bourbons, pour le maintien de la paix et de l'ordre, dont ils sont, par leur position sociale, les amis les plus intéressés. Ils aiment la maison de Bourbon; ils se rappellent tous les services qu'elle a rendus à la cause des communes depuis l'affranchissement, et ils espèrent avec confiance qu'elle n'abandonnera point cette cause. Ils ont en horreur le despotisme de Bonaparte et de ses adhérens, dont ils ont porté tout le fardeau; ils sentent que l'arbitraire se rajeunit, et acquiert de la force, au lieu d'en perdre, quand le pouvoir passe dans de nouvelles mains; en un mot, ils sont les soutiens naturels du trône de Votre Majesté.

Il résulte, Sire, de l'examen précédent, que le plan politique suivi par le ministère de Votre Majesté, depuis la restauration, non-seulement est vicieux en lui-même, mais qu'aucun des motifs qui peuvent avoir conduit à l'adopter n'est réellement fondé. Le ministère doit donc abandonner ce plan, et alors il ne reste à choisir qu'entre ces deux moyens :

Se liguer étroitement avec l'une des deux noblesses, en sacrifiant l'autre ;

Ou bien, s'unir franchement avec les communes, en abandonnant les deux noblesses.

Je crois avoir démontré, Sire, qu'aucune des deux noblesses ne peut être un appui réel pour le trône de Votre Majesté. Il est également incontestable à mes yeux, que le vœu des communes de voir terminer la révolution par l'établisement d'un nouveau système politique, fondé sur l'industrie comme nouvel élément temporel, et sur les sciences d'oservation comme nouvel élément spirituel, que ce vœu, dis-je, finira nécessairement par prévaloir contre tous les obstacles et contre les efforts de tous les partis, puisqu'il est le résultat final de tous les progrès que la civilisation a faits depuis six cents ans, et même, on peut le dire, depuis son origine.

Ainsi, pour choisir un plan de conduite durable, il ne saurait y avoir à balancer un seul instant entre les deux que je viens d'indiquer. Le premier ne pourrait prétendre tout au plus qu'à un succès momentané, d'une très-courte durée; tandis qu'il est facile de faire voir qu'une ligue franche avec les communes, mise en activité le plus promptement possible, est tout à la fois le moyen le plus simple, le plus sûr et le plus immédiat, d'asseoir sur des bases solides le trône de Votre Majesté

Il suffit, pour cela, de comparer ce qui doit vraisemblablement arriver dans les deux suppositions que j'ai mises en regard.

Si les ministres s'appuyaient exclusivement sur l'une des deux noblesses, et, par conséquent sacrifiaient les communes à son avidité, il arriverait, selon toutes les probabilités,

Si c'était sur l'ancienne noblesse: que la nouvelle, déçue de ses prétentions, s'efforcerait ouvertement et de tout son pouvoir de renverser le trône de Votre Majesté; et peut-être y parviendrait-elle, parceque les communes, qui seules pourraient l'empêcher, s'y opposeraient faiblement, dans cette hypothèse.

Si, au contraire, le ministère prenait pour appui exclusif la nouvelle noblesse, il est vraisemblable qu'elle en profiterait pour agir plus sûrement contre votre auguste dynastie.

Le système de balancement, dont je crois néanmoins avoir montré le vice radical, serait sans doute préférable à l'un ou à l'autre de ces deux partis.

Mais si Votre Majesté, abandonnant les deux noblesses à leur inévitable destinée, se liguait avec ses fidèles communes, la stabilité de son trône serait assurée pour jamais, puisque la résistance purement passive des communes préviendrait jusqu'aux moindres tentatives de deux féodalités impuissantes.

A la vérité, Votre Majesté devrait s'attendre à voir diminuer sa liste civile, ainsi que le pouvoir de son ministère et de ses agens, par la suppression d'un grand nombre de dépenses et de fonctions inutiles aux communes, et onéreuses pour elles. En un mot, la royauté perdrait ce qui reste encore du caractère féodal, pour prendre le caractère communal. Mais la certitude d'en jouir avec une parfaite tranquillité, d'en transmettre à son auguste dynastie une possession désormais à l'abri de toute contestation de la part des ambitieux; la gloire de devenir, en provoquant la formation du nouveau système politique, le législateur et le bienfaiteur éternel de la France, et de toutes les nations civilisées; tous ces motifs, dis-je, compenseraient sans doute, plus que suffisamment, aux yeux de Votre Majesté, une diminution d'autorité, qui ne peut blesser qu'autant qu'elle est relative, ou qu'elle est arrachée par la violence.

D'ailleurs, il ne s'agit point, au fond, de suivre une route entièrement nouvelle; il s'agit seulement de revenir à la marche adoptée par les plus illustres ancêtres de Votre Majesté, qui se sont toujours ligués avec les communes, et de suivre, en particulier, la ligne tracée par son auguste frère, quand il a appelé les communes à une double représentation dans les États-Généraux.

Sire,

Supprimer les deux noblesses, composer le corps électoral d'industriels, et diriger par des prix les travaux des savans sur les questions politiques fondamentales, tels seraient, sans doute, les moyens décisifs de commencer une ligue indissoluble avec les communes.

Le plus grand obstacle que Votre Majesté aurait à vaincre dans ce système de conduite, le seul même, serait l'apathie politique des industriels, la défiance excessive qu'ils ont de leurs lumières et de leur capacité en politique, leur confiance démésurée dans les légistes et les métaphysiciens. Mais la sage persévérance de Votre Majesté, et l'action des savans stimulée par elle, auraient bientôt surmonté cette difficulté, et, en donnant aux industriels un juste sentiment de leur dignité et de leur valeur politique, leur auraient bientôt imprimé cette impulsion d'activité, seule condition qui leur manque pour s'élever au rôle que la marche de la civilisation leur assigne impérieusement aujourd'hui.

Telles sont, Sire, exprimées avec franchise et loyauté, les réflexions que le désir de voir consolider la royauté dans votre auguste dynastie, a inspirées

A votre très-fidèle sujet.

AU ROI,

Et à Messieurs les Agriculteurs, Négocians, Manufacturiers et autres Industriels qui sont membres de la Chambre des Députés,

SUR LES MESURES A PRENDRE POUR TERMINER LA RÉVOLUTION.

SIRE, ET MESSIEURS,

Il n'existe qu'un seul moyen de terminer la révolution : ce moyen consiste à établir l'administration des affaires publiques la plus favorable à la culture, au commerce et à la fabrication.

Or, le moyen le plus certain pour rendre l'administration des affaires publiques la plus favorable possible à la culture, au commerce et à la fabrication, consiste évidemment à placer la direction des affaires générales dans les mains des cultivateurs, des négocians et des manufacturiers les plus capables.

Les mesures qui investiront les industriels des plus grands pouvoirs politiques, seront donc les plus propres à terminer la révolution.

Les mesures que je vais soumettre à Votre Majesté ainsi qu'à vous, Messieurs, me paraissent les plus certaines pour investir les industriels de la direction générale de l'administration publique : je les crois, pour cette raison, les meilleures à employer pour terminer la révolution.

Mesures à prendre pour terminer la révolution.

Il sera arrêté par les autorités compétentes ce qui suit :

ARTICLE Ier. Le ministère des finances ne pourra être occupé que par un citoyen qui aura été industriel de profession pendant dix années consécutives.

Art. II. Il sera établi un conseil d'industriels (qui portera le titre de chambre de l'industrie) : ce conseil sera attaché au ministère des finances, et il sera composé de vingt-cinq personnes.

Le ministre des finances sera membre de cette chambre, et il en sera président.

Cette chambre sera composée d'abord des quatre cultivateurs, dont les cultures sont les plus importantes ; des deux négocians faisant le plus d'affaires ; des deux fabricans employant le plus d'ouvriers ; et des quatre banquiers jouissant du plus grand crédit.

Cette première moitié de la chambre procédera à la nomination de douze autres membres, pris parmi les industriels, dans la proportion suivante ; savoir : six cultivateurs, deux négocians, deux manufacturiers et deux banquiers.

Art. III. La chambre de l'industrie s'assemblera une fois par an, d'après l'invitation du ministre des finances.

Le ministre des finances soumettra à cette chambre le projet de budget qu'il aura conçu.

Cette chambre discutera le budget qui sera soumis par le ministre, à son examen, et elle arrêtera ce projet, après y avoir fait des changemens, si elle le juge convenable.

Tous les ministres auront le droit d'assister aux séances de cette chambre, et ils pourront prendre part aux discussions; mais ils n'auront pas voix délibérative.

Art. IV. Le premier article du budget des dépenses aura pour objet, d'assurer l'existence des prolétaires, en procurant du travail aux valides, et des secours aux invalides.

Art. V. Le ministère de l'intérieur ne pourra être occupé que par un citoyen qui ait été industriel de profession pendant six années consécutives.

Art. VI. Il sera établi un conseil attaché au ministère de l'intérieur; le ministre sera membre et président de ce conseil.

Ce conseil sera composé de vingt-cinq membres; savoir, 1°. de sept agriculteurs, trois négocians et trois fabricans; 2°. de deux physiciens, trois chimistes et trois physiologistes, tous membres de l'Académie des sciences, et de trois ingénieurs des Ponts-et-Chaussées.

Les membres de ce conseil, le ministre seul excepté, seront nommés par la chambre de l'industrie.

Art. VII. Le conseil attaché au ministère de l'intérieur, se réunira deux fois par an, d'après l'invitation du ministre.

Ce conseil s'assemblera une première fois pour discuter et arrêter le projet de budget du ministère de l'intérieur.

Il s'assemblera une seconde fois pour arrêter l'emploi des sommes qui auront été accordées au ministère de l'intérieur par le budget général.

Art. VIII. Le ministère de la marine ne pourra être occupé que par un citoyen qui ait été domicilié dans un port de mer pendant vingt ans, et à la tête d'une maison de commerce faisant des armemens au moins depuis dix années.

Art. IX. Il sera établi un conseil maritime.

Ce conseil sera composé de treize membres; savoir : un député de Dunkerque, deux du Havre, un de St-Malo, deux de Nantes, un de la Rochelle, deux de Bordeaux, un de Bayonne, deux de Marseille (1) et le ministre qui sera président de ce conseil.

---

(1) Cette désignation des ports qui auraient le droit de nommer des membres du conseil maritime, ne doit être considérée que comme une indication.

Les armateurs de chacune des places désignées ci-dessus, nommeront les députés chargés de soutenir leurs intérêts.

Le conseil maritime s'assemblera deux fois par an, d'après l'invitation du ministre de la marine.

A sa première réunion, il arrêtera le projet du budget de la marine, à la seconde il arrêtera l'emploi des sommes qui auront été accordées au département de la marine, par le budget général.

Sire et Messieurs,

Je supplie Votre Majesté, je vous prie, Messieurs, d'examiner les mesures que je propose, d'abord sous ce seul rapport :

Est-il vrai, est-il clair, est-il évident, qu'un ordre de choses politiques stable commencerait à s'établir, si ces mesures étaient adoptées?

Je suppose Votre Majesté, je vous suppose, Messieurs, entièrement convaincus à cet égard, et je passe à la discussion de cette seconde question.

Quel est le caractère de ces mesures? par qui peuvent-elles être prises?

Sire et Messieurs,

Ces mesures peuvent être considérées comme

des dispositions constitutionnelles ; et sous ce rapport elles ne pourraient être prises que par une autorité investie de pouvoirs *ad hoc*.

Mais ces mesures peuvent aussi être envisagées comme étant l'objet de lois réglementaires ; alors le concours des trois pouvoirs dirigeans suffirait pour les mettre en vigueur ;

Enfin, ces mesures peuvent être classées parmi les arrêtés administratifs ; et dans ce cas, une ordonnance suffit pour les mettre en action.

En disant que ces mesures peuvent être considérées comme des dispositions constitutionnelles ; je me fonde sur ce fait incontestable.

La Charte n'a stipulé aucune mesure aussi importante que celles que je propose : ainsi ces mesures sont constitutionnelles, ainsi ces mesures sont encore plus constitutionnelles que la Charte.

Ces mesures peuvent encore être envisagées comme l'objet de lois réglementaires ; car elles ne sont en opposition avec aucun des articles de la Charte.

Enfin, une ordonnance suffit pour mettre ces mesures en vigueur ; car le pouvoir administratif appartient exclusivement à la royauté, et ces mesures ne sont, dans la réalité, que des dispositions réglementaires qui fixent le mode d'administration.

Je passe à l'examen d'une troisième et dernière question.

Par qui ces mesures doivent-elles être prises?

Et je demande d'abord *si c'est par une assemblée choisie expressément pour cet objet, que les mesures doivent être adoptées?*

Je ne le pense pas, par beaucoup de raisons, dont il est inutile que je parle, attendu que ce mode d'admission exigerait beaucoup de temps, et qu'il aurait par conséquent de grands inconvéniens, puisqu'il prolongerait les dangers de la maison de Bourbon et les souffrances des industriels.

Sera-ce par un acte du parlement que ces mesures seront mises en vigueur?

Ce mode d'admission est tout-à-fait impraticable dans l'état actuel des choses, car la majorité des chambres est composée d'hommes qui ne sont pas industriels, qui sont très-inférieurs aux industriels en capacité administrative, et qui cependant conservent la persuasion que ce sont eux qui doivent administrer les affaires publiques, de manière que le projet de loi à cet égard, que le roi présenterait aux chambres, serait nécessairement rejeté.

C'est une ordonnance qui doit réaliser ce projet.

La seule volonté du roi suffit pour rendre

cette ordonnance ; le roi peut rendre cette ordonnance immédiatement ; et d'un autre côté, si le roi, mal conseillé par ses alentours, hésitait à prendre ce parti, les industriels pourraient, par des démarches légales, faciliter à Sa Majesté les moyens de secouer le joug qui lui a été imposé par le clergé, par les deux noblesses, par l'ordre judiciaire et par ses courtisans.

Le point important est que la royauté et l'industrie se trouvent en contact immédiat, et on peut regarder comme à peu près indifférent que les premiers pas, pour opérer ce rapprochement, soient faits par l'une ou par l'autre de ces deux puissances.

Sire,

Depuis votre rentrée en France, V. M. n'a pas eu un seul moment de tranquillité, ni de satisfaction politique. Elle a toujours eu à combattre une faction puissante, qui se propose pour but, de placer sur le trône un roi de sa façon, afin de s'assurer la jouissance de toutes les places qui sont à la nomination de la couronne, et V. M. n'a pas trouvé dans la nation un appui suffisant pour en imposer à ces factieux.

Voilà, Sire, une première vérité malheureusement incontestable. En voici une seconde qu'il ne faut pas se dissimuler :

C'est que la véritable cause de vos chagrins a été le mauvais usage que les ministres de V. M. ont fait du pouvoir royal.

Les courtisans cherchent à vous persuader que l'opinion politique du gouvernement est la bonne, et que, si les choses ne vont pas bien, les fautes et les erreurs commises par la nation, en sont la véritable cause.

Cette manière d'envisager les choses est fausse, et elle est funeste pour V. M.

La nation a accepté la Charte que vous avez faite; elle a consenti que vous exerçassiez le pouvoir de législateur suprême : il est par conséquent certain que V. M. a eu, et qu'elle a tous les moyens d'établir un ordre de choses stables, et que si un bon ordre de choses n'existe pas, c'est parce que la combinaison qui a été faite par le ministère est vicieuse.

Il me paraît utile d'établir cette vérité, et de rappeler V. M. au noble sentiment d'après lequel les difficultés sont vues comme étant en dedans et point en dehors; mais mon intention n'est pas de faire de cette vérité une arme offensive pour critiquer les ministres de V. M.

Sire, il est incontestable que c'est par la raison que les ministres de V. M. n'ont pas usé convenablement du pouvoir royal, que la tranquillité n'est pas encore rétablie sur des bases solides.

Mais il n'est pas moins certain que, pour rétablir la tranquillité, à une époque où elle a été troublée par un effet direct du progrès des lumières et de la marche de la civilisation, qui avait nécessité une réforme de l'organisation sociale, il était nécessaire de se faire une idée claire de l'ordre de choses à constituer ;

Et il est également sûr que la conception du nouvel ordre de choses à établir pour organiser convenablement la société, c'est-à-dire pour l'organiser d'une manière proportionnée à l'état de ses lumières acquises, ne pouvait pas se former dans la tête des ministres, par la raison simple qu'un homme ne peut pas s'occuper fructueusement de deux choses importantes dans le même moment, et que le travail nécessaire pour la conduite des affaires journalières occupant et devant occuper tous les membres du gouvernement, ils n'ont point la possibilité de s'élever aux vues générales qui doivent fixer l'attention du législateur constituant.

Sire, il résulte, de ce que je viens de dire, une réflexion très-importante et très-utile, c'est que les reproches qui sont faits à votre ministère ne sont pas fondés en raison, au moins sous le rapport principal. Il en résulte aussi que votre ministère a les moyens de fermer la bouche aux écrivains qui s'acharnent à critiquer sa marche, en leur disant :

Nos occupations ayant pour objet principal et spécial de pourvoir aux besoins politiques journaliers de la société, nous ne pouvons pas nous placer au point de vue le plus général pour envisager les choses; mais vous, Messieurs, dont l'esprit jouit d'une entière liberté, méditez sur la marche de la civilisation, et quand vous aurez conçu clairement le système d'organisation qui convient à la société dans l'état présent de ses lumières, quand vous aurez acquis sur ce sujet des idées positives, vous verrez que nous nous empresserons d'utiliser vos découvertes.

Il y avait donc une condition préliminaire qui devait être remplie avant que le gouvernement pût se diriger vers un but fixe, avant qu'il pût adopter une allure franche, une marche ferme ; et cette condition, comme je viens de le dire, ne pouvait pas être remplie par les ministres.

Il fallait que le moyen de terminer la révolution fût clairement connu ; qu'il fût conçu d'une manière assez nette pour pouvoir être mis à la portée des esprits les plus ordinaires.

Ce moyen n'avait pas été découvert ; c'est ce qui fait que la révolution a duré jusqu'à présent : maintenant qu'il est trouvé, le gouvernement peut marcher directement, et d'un pas assuré, vers l'établissement d'un ordre de choses politiques stable.

Sire, ce qui a causé la révolution, c'est que la nation a reconnu que l'impôt qu'on lui faisait payer était trop considérable, et qu'il était mal employé ; ou, en d'autres termes, c'est parce qu'elle a acquis la conviction que ses affaires générales étaient mal administrées.

Ce qui fait que la révolution a duré jusqu'à présent, c'est que la nation n'a point été satisfaite des différens modes d'administration qui ont été essayés depuis qu'elle a renversé son ancien gouvernement.

Le moyen de terminer la révolution consiste à placer l'administration des affaires publiques dans les mains des cultivateurs, des négocians et des manufacturiers, parce que les industriels sont les administrateurs les plus capables, et surtout les plus économes.

Il est facile de placer l'administration dans les mains des cultivateurs, des négocians et des manufacturiers; j'en ai indiqué les moyens : ainsi la route que doivent suivre les ministres de V. M. est toute tracée, et il dépend entièrement de leur volonté de faire cesser immédiatement les dangers auxquels votre auguste maison se trouve exposée, ainsi que les maux qui affligent la nation.

Sire, toute la politique positive est renfermée dans la loi des finances : c'est parce que la loi des finances a fait jusqu'à ce jour une part annuelle de deux ou trois cent millions aux intrigans, qu'il existe des factions. Que la loi des finances soit bien faite, c'est-à-dire, qu'elle soit conçue dans l'intérêt des industriels, au lieu de l'être dans l'intérêt des ambitieux, et les dangers qui menacent le trône cesseront à l'instant, parce que les factions seront dissipées. Or, les seuls hommes capables de former la loi des finances dans un tel esprit, sont les industriels. Que V. M. consulte donc les industriels inportans et instruits qui se trouvent dans la chambre des députés, les Delessert, les Lafitte, les Ternaux, les Perrier, les Basterrèche, les Bauséjour, etc. ; ils auront bientôt indiqué à V. M. les véritables moyens de rétablir le calme.

Ce rapprochement entre V. M. et les industriels est d'autant plus facile aujourd'hui, qu'il a été déjà fait un grand pas dans cette direction, par la loi qui a appelé les patentés à l'électorat. C'est un service que la France doit à M. Decazes, et qu'elle n'oubliera jamais.

C'est le désir pur et sincère du bonheur de mes compatriotes, c'est aussi le désir de voir

V. M. acquérir toute la gloire que le siècle comporte, qui m'ont poussé à ce langage d'une extrême franchise.

Messieurs,

Je suppose que chacune des idées que je vais vous rappeler, est admise par vous comme une vérité incontestable; c'est-à-dire, je vous suppose entièrement convaincus

1°. Que le seul moyen de terminer la révolution consiste à établir l'administration des affaires publiques, la plus favorable à la culture, au commerce et à la fabrication;

2°. Que le moyen le plus certain pour rendre l'administration des affaires publiques la plus favorable possible à la culture, au commerce et à la fabrication, consiste à placer la direction de cette administration dans les mains des cultivateurs, des négocians et des manufacturiers;

3°. Qu'au moyen des mesures que je propose, les cultivateurs, les négocians et les manufacturiers exerceraient sur l'administration des affaires publiques une influence suffisante pour assurer la prospérité de la culture, du commerce et de la fabrication;

4°. Que le roi peut, avec de simples ordonnances, mettre à exécution le plan politique que je propose, et que les ordonnances par lesquelles il mettrait ces mesures en activité seraient accueillies avec enthousiasme par tous les Français occupés de travaux d'une utilité positive;

5°. Que le nombre des Français occupés de travaux de culture, de commerce ou de fabrication, étant de plus de vingt-cinq millions d'individus, il est évident que si cette classe de citoyens demandait au roi (dans une forme légale) d'adopter les mesures que je propose, cette demande serait favorablement accueillie de Sa Majesté; d'abord parce que cette demande serait juste, ensuite parce qu'elle serait conforme aux véritables intérets de la maison de Bourbon, et enfin parce qu'elle serait l'expression claire du vœu de la très-grande majorité de la nation.

Messieurs, si, comme je le suppose, vous êtes entièrement convaincus de la justesse des cinq idées que je viens de remettre sous vos yeux, il ne me reste qu'une chose à vous dire.

Ce qui me reste à vous dire, Messieurs, c'est que, c'est vous qui êtes appelés à déterminer la manifestation du vœu politique des industriels, puisque vos concitoyens vous ont investis de toute leur confiance, relativement à leurs affaires générales, en vous nommant membres de la chambre des députés.

Envoyez une circulaire à tous les Français entrepreneurs de travaux industriels, invitez-les, par cette lettre, à signer une pétition adressée au roi, et à demander à Sa Majesté, par cette pétition, d'adopter les mesures que je vous propose; invitez-les, en même-temps, à lui déclarer formellement qu'il peut compter sur l'entier dévouement de ceux de ses sujets qui sont industriels, aux intérêts politiques de la maison de Bourbon.

Engagez, par votre circulaire, les chefs de travaux industriels à faire signer cette pétition par toutes les personnes qu'ils emploient.

Quand vous aurez reçu cette pétition (qui sera indubitablement signée par la presque totalité des Français occupés par profession de travaux relatifs à la culture, au commerce et à la fabrication), suppliez le roi de vous accorder une audience.

Quand vous présenterez cette pétition à Sa Majesté, soyez pénétrés du sentiment de confiance qui doit vous accompagner dans cette honorable démarche; rappelez-vous en parlant au roi QUE LA VOIX DU PEUPLE EST LA VOIX DE DIEU.

Et ce faisant, Messieurs, vous ferez cesser subitement les dangers qui menacent la maison de

Bourbon, et les maux qui accablent la nation française.

Messieurs, vous êtes dans la chambre environ quarante cultivateurs, négocians ou manufacturiers de profession. Il est certainement désirable que la circulaire que je vous invite à envoyer à tous les Français entrepreneurs de travaux industriels, soit signée par vous tous; mais il ne faut pas vous persuader que le succès de cette opération nécessite cet accord parfait : elle réussirait, quand bien même il se trouverait parmi vous des dissidans; elle réussirait, quand elle ne serait appuyée que par la moitié de vous.

Ainsi, Messieurs, en dernière analyse, la tranquillité présente et future de la maison de Bourbon, celle de la nation française, et même de tous les peuples éclairés dépend de quelques industriels.

Le pouvoir des industriels sur la société est devenu entièrement prépondérant : leur volonté dans cette importante occasion sera-t-elle proportionnée à leur pouvoir ?

Sire et Messieurs,

Les circonstances politiques deviennent pressantes; tous les peuples manifestent la volonté d'obtenir une prompte amélioration de leur existence politique; une grande révolution vient de s'opérer en Espagne, et les Napolitains n'ont pas tardé à suivre l'exemple des Espagnols.

L'amour-propre national ne permettra pas aux Français de rester long-temps dans la situation politique où ils se trouvent. Hâtez-vous de concevoir pour eux un plan de conduite sage; car, si vous ne leur indiquez pas la bonne route, ils en prendront inévitablement une mauvaise. Leur parti est pris, ils veulent marcher, et c'est en avant qu'ils veulent se porter.

Sire et Messieurs,

Pour éviter les malheurs qui arriveraient indubitablement si le grand mouvement moral (devenu inévitable) se trouvait dirigé par des jacobins, ou par des bonapartistes;

Pour éviter l'inconvénient de faire la besogne en deux fois, ce qui deviendrait nécessaire dans le cas où le mouvement d'opinion serait dirigé par des militaires ou par des légistes;

Il faut présenter à la nation des vues nettes sur les moyens d'assurer la prospérité de la culture, du commerce et de la fabrication;

Il faut prendre des mesures pour assurer du travail à la classe nombreuse pour laquelle le travail des mains est le seul moyen d'existence.

Sire et Messieurs,

Il en est temps encore, vous pouvez garantir votre patrie des maux dont elle est menacée; mais il n'y a pas un moment à perdre : l'union franche de la puissance royale et de la puissance industrielle peuvent dissiper, comme par enchantement, l'orage épouvantable qui s'amoncelle sur nos têtes; mais, pour opérer cette espèce de miracle, cette alliance doit se former sans le moindre retard.

Il n'est point indispensable, pour commencer à mettre cette alliance en activité, d'adopter sur-le-champ toutes les mesures que j'ai proposées; il suffit de mettre à exécution les suivantes :

Que le projet du budget pour l'année 1821 soit conçu par un ministre des finances, pris dans la classe des industriels de profession;

Que ce projet soit discuté et amendé par un conseil composé des cultivateurs, des négocians et des fabricans les plus riches et les plus capables;

Que le premier article de ce budget (pour la partie des dépenses) ait pour objet d'assurer la subsistance des non-propriétaires, en procurant du travail aux valides, et des secours aux invalides;

Et la maison de Bourbon ainsi que la nation française, n'auront plus rien à redouter,

Ni des doctrines des jacobins,

Ni des complots des bonapartistes,

Ni des intrigues des noblesses et du clergé, tant nationaux qu'étrangers.

FIN.

www.ingramcontent.com/pod-product-compliance
Lightning Source LLC
LaVergne TN
LVHW020407230826
846091LV00004B/1189

* 9 7 8 2 0 1 2 4 6 4 8 0 3 *